Mulher sem culpa

Coisas fundamentais que toda mulher precisa saber para ser mais feliz (e que as feministas fazem questão de esconder)

Caro leitor,

Queremos saber sua opinião sobre nossos livros. Após sua leitura, acesse nosso site (www.editoragente.com.br), cadastre-se e contribua com sugestões, críticas e elogios.

Boa leitura!

Carrie L. Lukas

Mulher sem culpa

Coisas fundamentais que toda mulher
precisa saber para ser mais feliz
(e que as feministas fazem questão de esconder)

Tradução: Virgínia Lobo

Gerente Editorial
Alessandra Johanna Gelman Ruiz

Editor de Desenvolvimento de Texto
Juliana Nogueira Luiz

Editor de Produção Editorial
Rosângela de Araujo Pinheiro Barbosa

Controle de Produção
Adriane Aoqui de Souza

Preparação
Fábio Maximiliano

Revisão
Adriana Cristina Bairrada

Projeto Gráfico e Editoração
Villa d'Artes

Capa
Alba Mancini

Fotos e capa
anouchka/iStockphoto

Impressão
Prol Gráfica

Título original: *The politically incorrect guide to women, sex, and feminism*
Copyright © 2006 by Carrie L. Lukas
Todos os direitos desta edição são reservados à Editora Gente.
Rua Pedro Soares de Almeida, 114
São Paulo, SP – CEP 05029-030
Telefone: (11) 3670-2500
Site: http://www.editoragente.com.br
E-mail: gente@editoragente.com.br

Dados Internacionais de Catalogação na Publicação (CIP)
(Câmara Brasileira do Livro, SP, Brasil)

Lukas, L. Carrie
   Mulher sem culpa - Coisas fundamentais que toda mulher precisa saber para ser mais feliz (e que as feministas fazem questão de esconder) / Carrie Lukas ; Tradução de
Virgínia Lobo. -- São Paulo : Editora Gente, 2010.

   Título original: The politically incorrect guide to women, sex and feminism.

   ISBN 978-85-7312-714-0

   1. Feminismo - Estados Unidos 2. Mulheres - Comportamento sexual - Estados Unidos 3. Mulheres - Estados Unidos 4. Papel sexual - Estados Unidos I. Título.

10-10648   CDD-305.420973090511

Índices para catálogo sistemático:
   1. Estados Unidos : Feminismo : Sociologia
      305.420973090511

Agradecimentos

Tenho uma grande dívida de gratidão para com o Fórum de Mulheres Independentes – em especial, Michelle Bernard, Charlotte Hays, Heather Higgins, Ricky Silberman, Nancy Pfotenhauer, Christie Hobbs, Arianne Massey e Jen Gustafson – por me apoiar durante o período em que escrevi este livro. Agradeço também a Lida Noory, Arrah Neilson, Bambi Little Juarez, Joy Downey, Tatiana Posada e Alyson Gabel pela ajuda com as pesquisas.

Sou grata à equipe da editora Regnery (que publicou a edição em inglês deste livro), Stephen Thompson, Harry Crocker e Marji Ross, por me dar a oportunidade de escrever este livro.

Acima de tudo, quero agradecer pelo apoio de minha família e meus amigos, incluindo Julie Gunlock, April Ponnuru, Trish McDonough, Charlie Korsmo, Emily Porter, Frank Micciche, Retha e Ronald Lukas. Agradeço a meus pais, Peter e Dianne Lips, que me apoiaram nisto e em tudo o mais, e a Brad e Cindy Lips, por seus comentários atenciosos.

Um agradecimento especial a meu irmão, Dan Lips, por seus conselhos e suas inúmeras contribuições, e a meu marido, Aaron, o melhor editor e amigo que eu poderia desejar.

Este livro é dedicado a minha filha, Molly Dianne.

Sumário

Introdução:	**As escolhas das mulheres baseadas em desinformação**	**XI**
	Uma breve história do movimento feminista	XIV
	O moderno movimento feminista	XV
Capítulo Um:	**A diferença entre meninos e meninas**	**1**
	A controvérsia sobre gênero	2
	Natureza ou educação?	3
	As causas das diferenças entre homens e mulheres	5
	Por que as diferenças de sexo são importantes?	6
	Qual é a causa da falta de progresso feminino nessas áreas?	6
Capítulo Dois:	**De volta ao romance**	**7**
	A aversão das feministas ao cavalheirismo	8
	O papel importante do namoro	10
	O admirável mundo novo do romance	11
	A perda de poder das mulheres	13
	Reconstruindo o namoro	16
Capítulo Três:	**Sexo com amor e sexo sem amor**	**19**
	O caso de amor da mídia com o sexo	20
	Estudos acadêmicos da mulher ou *Nova?*	21
	Liberdade sexual não é exatamente liberação	26
	Uma aversão biológica ao sexo casual	29
	Os benefícios do sexo sério	31
Capítulo Quatro:	**Nem todos estão fazendo sexo**	**33**
	A mensagem da mídia para os jovens: *just do it!*	34
	Adolescentes e jovens: não tão sexualmente ativos como você – ou eles – possam pensar	36
	A maioria dos adolescentes acredita que ser virgem é uma coisa positiva	39
	Os pais têm um papel importante a desempenhar	40
	Conclusão	40

Capítulo Cinco:	**Os riscos do sexo seguro**	**41**
	Educação sexual – mais do que pássaros e abelhas	42
	Sexo seguro não significa apenas sexo com preservativo!	45
	A vulnerabilidade biológica feminina	46
	O sexo seguro está tornando os jovens menos seguros?	48
	As limitações dos preservativos	49
Capítulo Seis:	**Os homens não são os inimigos**	**51**
	Perigo: há homens entre nós	52
	Somos todos vítimas da violência	52
	Redefinindo a violência contra as mulheres	54
	Esquecer os homens?	55
	Violência contra as mulheres e os homens	57
	Violência doméstica ou mulher que apanha?	59
	A culpa é do casamento?	60
	As origens duvidosas da estatística "uma em cada quatro"	63
	A definição de estupro	66
	Conclusão	68
Capítulo Sete:	**O casamento: mais felizes para sempre**	**69**
	A relação difícil das feministas com o casamento	70
	Mídia: festejando a cerimônia, não o casamento	74
	Casamento: mais felizes para sempre	75
	Casamento: um bom plano financeiro	77
	O casamento conduz a uma saúde melhor	78
	O lado mais *sexy* do casamento	79
	Morar junto não é o mesmo que casar	79
	Mais do que apenas marido e mulher	82
	Conclusão	83
Capítulo Oito:	**O divórcio**	**85**
	A mudança de atitude da sociedade em relação ao divórcio	86
	Facilitando o divórcio; mudando o casamento	87
	O divórcio aumenta as chances de uma mulher alcançar a felicidade?	89
	E as crianças?	93
	O efeito colateral do divórcio nas crianças	95
	Conclusão	99

Capítulo Nove:	**Os fatos sobre a fertilidade**	**101**
	Fertilidade e envelhecimento: fora dos limites de nossa cultura politicamente correta	102
	Nenhum tabu sobre os inconvenientes do fumo	104
	Infertilidade: uma questão não discutida para feministas e estudos sobre a mulher	105
	Enfrentando os fatos	106
	As consequências de não se conhecerem os fatos	109
	O que isso significa para as mulheres?	112
Capítulo Dez:	**Aborto**	**113**
	Ser pró-vida não é ser contra a mulher	114
	O verdadeiro papel do caso Roe *versus* Wade	117
	O aborto fora dos Estados Unidos – a Europa não é tão liberal como você pensa	119
	O aborto como uma questão de saúde	120
	A saúde da mãe	122
	Uma escolha consciente	123
Capítulo Onze:	**O trabalho no mundo real**	**125**
	O conto de fadas feminista da mulher que trabalha	126
	O que a maioria das mulheres faz	126
	A maior fonte de satisfação das mulheres não é seu trabalho	129
Capítulo Doze:	**O mito de ter tudo**	**133**
	As frustrações feministas em relação ao que as mulheres de fato querem	134
	A guerra da desigualdade salarial	137
	Por que queremos que as mulheres trabalhem como os homens?	140
	Ter mais mulheres trabalhando não é motivo de comemoração	141
Capítulo Treze:	**Ilusões sobre a creche**	**143**
	A posição politicamente correta: mais financiamento público para creches institucionais	144
	O papel do governo na guerra das mães	147

Que tipo de atendimento infantil as mulheres realmente querem?	148
Trata-se de culpa ou de instinto maternal?	150
Os críticos da creche também são criticados	153
Mas a creche também causa alguns efeitos negativos sobre as crianças	154
Tomando a decisão de trabalhar	157

Capítulo Catorze: Política: nem todas as mulheres pensam da mesma forma — **159**

O poder político feminino	160
O que é a desigualdade de gênero?	161
As prioridades das mulheres	162
As mulheres apoiam os candidatos em que acreditam, e não outras mulheres	163
Conclusão	165

Capítulo Quinze: Divorciando-se do governo — **167**

A perspectiva tendenciosa oferecida às mulheres	168
Vendendo mais do que moda e dicas de maquiagem	170
A filosofia feminista de governo	172
Impostos	173
Previdência Social	174
Saúde "grátis"	176
Mulheres e trabalho	178
Ações afirmativas	181
A escolha da escola	182
Uma agenda para as mulheres	184

Introdução

As escolhas das mulheres baseadas em desinformação

De acordo com uma pesquisa realizada pela revista feminina norte-americana *Marie Claire*, um terço das mulheres considera-se feminista. Porém, o que significa ser uma feminista hoje, cerca de quarenta anos depois do nascimento do movimento feminista moderno? Afinal de contas, desde 1963, contamos com Betty Friedan, Gloria Steinem, Germaine Greer,[*] e também com a Organização Nacional para Mulheres (National Organization for Women, conhecida como NOW), a fundação Feminist Majority e a revista *Ms.*, que vêm canalizando o imaginário popular, influenciando sucessivas gerações de mulheres e definindo o que significa ser feminista. A resposta politicamente correta das líderes do movimento feminista seria que elas acreditam na igualdade das mulheres. Essa é uma boa resposta; quase todos acreditam que as mulheres deveriam ser tratadas de maneira justa e igualitária. O problema é que, desde 1963, o feminismo real, o feminismo organizado, evoluiu para outra coisa completamente diferente.

---

[*] Importantes ativistas do movimento feminista: a norte-americana Betty Friedan foi cofundadora da Organização Nacional para Mulheres e publicou *Mística feminina* em 1963; a também norte-americana Gloria Steinem foi uma das fundadoras da revista feminista *Ms.*; e a australiana Germaine Greer é autora de *A mulher eunuco*. (N. T.)

O movimento feminista moderno não se refere à igualdade das mulheres, mas a aspectos destinados a beneficiar um grupo de interesse específico: mulheres que seguem a ideia de feministas profissionais sobre o que uma mulher deve querer. Para promover esse aspecto, o movimento feminista moderno recorre a rádio, televisão, internet e mídia impressa, e transita pelos corredores do Congresso, do governo federal e das assembleias legislativas dos estados com o propósito de expandir sua participação no governo, subsidiar as escolhas politicamente corretas para as mulheres e transformar a cultura norte-americana, de maneira que homens e mulheres se tornem intercambiáveis. O movimento também trabalha em cooperação com grupos liberais para avançar esses objetivos.

A influência feminista no governo, nos meios de comunicação e no sistema educacional norte-americanos significa que muitas mulheres jovens estão recebendo muita informação ruim. E informação ruim leva a decisões ruins que são especialmente nocivas quando tomadas por jovens mulheres que apenas estão começando a sua vida sozinhas.

Considere as muitas decisões importantes que uma jovem – vamos chamá-la de Amanda – irá tomar durante os dez anos seguintes de sua existência. Amanda se dedicou muito no colégio para conseguir entrar em uma boa faculdade. Ela possui um ótimo grupo de amigos e gosta das atividades de uma estudante universitária comum – lê revistas femininas como *Nova* e *Glamour*, adora as séries de televisão norte-americanas *Desperate Housewives* e *Sex and the City*, mas sempre consegue completar seus estudos. Em breve, ela irá obter um diploma de uma respeitada universidade e estará preparada para começar a próxima etapa da vida.

Amanda conseguirá um emprego e iniciará uma carreira. Ela irá conhecer companheiros potenciais e poderá pensar em se casar. Tomará importantes decisões envolvendo a sua saúde: poderá pensar em praticar sexo casual e talvez enfrentar a decisão de fazer ou não um aborto. Amanda irá refletir sobre ter filhos. Se decidir começar uma família, precisará enfrentar escolhas sobre seu papel de mãe e como equilibrar família com as aspirações de uma carreira. Mais tarde, também poderá considerar o divórcio.

Amanda tem acesso à informação de que precisa para tomar as decisões que irão melhorar as suas chances de desfrutar saúde e felicidade no futuro?

Infelizmente, a resposta é não. É muito provável que ela tenha recebido uma grande quantidade de informações ruins, muitas das quais em nome do politicamente correto.

Amanda cresceu em uma cultura que torna difícil para ela discernir o certo do errado – ela teme ser intolerante. Mesmo esperando casar-se, ela vê o divórcio como o fim natural para casamentos que não são completamente felizes. Amanda tem sido bombardeada pela cultura de massa que glorifica a promiscuidade, e lê a literatura feminista que lhe diz que é antiquado associar sexo a casamento e amor.

Às vezes, ela se sente confusa sobre o papel que o sexo deve desempenhar em sua própria vida, se deve vê-lo como uma atividade casual cujo propósito é simplesmente o prazer, ou como alguma coisa mais significativa. Ela quer ter uma carreira gratificante e tem ouvido organizações políticas feministas que afirmam que o objetivo primordial de uma mulher deve ser trabalhar em tempo integral e ganhar dinheiro. Amanda se esforça para conciliar essas perspectivas com suas próprias esperanças e seus desejos.

Você pode se identificar com Amanda? Eu, com certeza, posso – ela é mais ou menos como eu dez anos atrás. Muitas de minhas colegas hoje estão percebendo aos 30 anos de idade que gostariam de ter tomado decisões diferentes quando tinham 20 anos. E quando falo para a geração que está se formando na universidade hoje, encontro mulheres com as mesmas esperanças e idênticos temores que eu tinha e a quem, assim como aconteceu comigo, falta um guia para orientar a navegar no tumultuado território da vida adulta.

Este livro foi escrito com o objetivo de abordar a desinformação que vem sendo dirigida às mulheres. Tenho 32 anos de idade, sou casada e acabo de ter a minha primeira filha. Conheço as dificuldades que as mulheres enfrentam nos seus 20 e nos seus 30 anos, momento em que tomam as decisões que afetarão todo o seu futuro. Acredito que tenho sorte por minha vida ter se transformado no que é hoje, mas garanto que gostaria de ter recebido informações melhores, quando mais jovem, sobre as escolhas que as mulheres inevitavelmente devem fazer durante suas existências.

Este livro expõe alguns dos mitos mais frequentes vendidos a jovens mulheres e aborda áreas de pesquisa que são tabus e, portanto, não discutidas no mundo do politicamente correto da academia ou na cultura de massa dirigida às moças.

Durante muito tempo, o movimento feminista tem ditado o que é apropriado discutir – e o que está fora dos limites – quando se trata de questões que afetam a vida das mulheres. Uma ética do silêncio tem envolvido temas como os aspectos negativos do sexo casual, a relação entre idade e infertilidade e os efeitos da creche e do divórcio sobre as crianças. Esse silêncio traz consequências reais para as mulheres, suas famílias e nossa sociedade.

Este livro preenche essa lacuna de conhecimento destacando a pesquisa em áreas de importância crítica para a vida das mulheres: de sexo, amor e casamento a trabalho, creches e divórcio. Ele também descreve como a visão feminista do que as mulheres devem querer para si, com frequência, contraria as expectativas e os desejos de mulheres reais.

Uma vez que este livro não pretende oferecer uma visão completa da pesquisa sobre todos os temas tratados aqui, os leitores interessados em obter mais informações contarão com indicações de outros textos – trabalhos muitas vezes ignorados pelos meios acadêmicos e pela mídia, que oferecem uma análise mais aprofundada. Isso não endossa tudo o que está contido nesses livros, mas eu os incluí porque são recursos úteis e oferecem perspectivas interessantes.

As mulheres precisam da verdade nua e crua para que possam avaliar as consequências das escolhas da vida – as decisões que moldam o nosso futuro. Creio que a única maneira de desenvolver uma geração de mulheres verdadeiramente independentes é oferecer-lhes as melhores informações disponíveis e, então, deixar que sigam seus corações e suas mentes.

Uma breve história do movimento feminista

A primeira convenção sobre os direitos das mulheres nos Estados Unidos foi realizada em Seneca Falls, no estado de Nova York, em 19 e 20 de julho de 1848. As mulheres que ali se reuniram – incluindo Elizabeth Cady Stanton e Lucretia Mott – lançaram a Declaração de Sentimentos, fundamentada na Declaração de Independência desse país, que relacionava as injustiças e restrições que as mulheres sofriam nos Estados Unidos e clamava pela igualdade de tratamento de acordo com a lei:

> Temos a convicção de que essas verdades são por si mesmas evidentes: que todos os homens e mulheres são criados iguais; que são dotados pelo Criador com certos direitos inalienáveis; que entre esses direitos estão a vida, a liberdade e a busca da felicidade. [...]
>
> A história da humanidade é uma história de repetidas injustiças e usurpações da parte do homem sobre a mulher, tendo como objetivo direto o estabelecimento de uma tirania absoluta sobre ela. Para provar essa condição, deixemos que os fatos sejam submetidos a um mundo livre de preconceitos.
>
> Ele jamais permitiu a ela exercer o seu direito inalienável ao voto. [...]
>
> Ele tem se empenhado, de todas as maneiras possíveis, em destruir a confiança dela em suas próprias forças, a fim de diminuir o seu respeito próprio e fazê-la se submeter a uma vida dependente e abjeta.
>
> Agora, considerando todas essas violações dos direitos de metade da população deste país, a sua degradação social e religiosa – considerando as leis injustas acima mencionadas, e considerando que as mulheres se sentem discriminadas, oprimidas e fraudulentamente privadas dos seus mais sagrados direitos, insistimos que elas tenham acesso imediato a todos os direitos e privilégios que lhes pertencem como cidadãs dos Estados Unidos.

Essas pioneiras da igualdade para as mulheres são, muitas vezes, conhecidas como a "primeira onda" feminista. O movimento pelos direitos das mulheres do século XIX e início do século XX se concentrava principalmente em conquistar o direito de voto para as mulheres. Esse objetivo foi alcançado em 1919 com a aprovação da 19ª Emenda à Constituição norte-americana.*

A "segunda onda" do feminismo ocorreu durante as décadas de 1960 e 1970, quando as mulheres começaram a pleitear mudanças sociais e legais que lhes permitiriam participar mais plenamente da sociedade e da economia. Para muitos, o marco inicial da segunda onda feminista foi o lançamento do livro de Betty Friedan, *Mística feminina*, que descrevia a insatisfação que muitas donas de casa experimentavam com a sua situação e encorajava as mulheres a pensar em trabalhar fora de casa. Essa mensagem encontrou ressonância em muitas mulheres, e muitas delas aderiram à luta por mudanças políticas e sociais.

As feministas da "segunda onda" exigiam garantias de tratamento igual para as mulheres nos termos da lei e um fim à discriminação com base no gênero. Elas também buscavam mudar as expectativas sociais para as mulheres. Algumas dessas mudanças incluíam simplesmente estimular as mulheres a assumir trabalhos e papéis que tradicionalmente eram reservados aos homens. Entretanto, algumas feministas levaram o desejo de ter mais opções um passo adiante e se tornaram abertamente hostis aos papéis tradicionais desempenhados pelas mulheres. Elas questionavam – e, às vezes, lutavam para minar – o conceito de família nuclear. Elas viam os homens não como parceiros iguais, mas como inimigos que oprimem as mulheres. Elas estimulavam as mulheres a renunciar aos relacionamentos tradicionais e a abraçar a "liberação sexual". Durante esse período – e em parte devido à influência do movimento feminista – as atitudes dos norte-americanos em relação ao sexo mudaram drasticamente, o que incluía uma maior abertura ao sexo antes do casamento, e as estruturas familiares também começaram a mudar, com o divórcio e um número crescente de nascimentos fora do casamento.

O moderno movimento feminista

Hoje, o movimento feminista – que abrange o que, às vezes, é chamado de a "terceira onda" do feminismo – se transformou em uma grande, organizada e politicamente poderosa entidade que exerce uma enorme influência sobre políticas públicas, nos *campi* universitários e na cultura de massa como um todo. Enquanto a segunda onda do feminismo visava sobretudo aos interesses das mulheres brancas, conservadoras e relativamente bem posicionadas na vida, o movimento feminista moderno se concentra em grande parte nos interesses de lésbicas, das mulheres que estão nas minorias e daquelas que vivem na pobreza.

---

* No Brasil, o direito ao voto feminino foi conquistado em 1932, embora com restrições que foram suprimidas apenas em 1934. Ainda assim, o voto feminino não era obrigatório, apenas o masculino. Em 1946, a obrigatoriedade do voto foi estendida às mulheres. (N. T.)

Em muitos sentidos, o movimento feminista de hoje é vítima dos seus próprios êxitos. O dicionário *Webster* define feminismo como "a doutrina que defende os direitos sociais e políticos, bem como todos os demais direitos das mulheres como iguais aos dos homens" e como "um movimento organizado para a realização desses direitos para as mulheres". Porém, essa batalha já foi ganha: esmagadoramente, os norte-americanos reivindicam e apoiam a ideia de que mulheres e homens são iguais e merecem oportunidade e tratamento iguais diante da lei.

O feminismo moderno se desviou bastante dessa missão original. O movimento agora está associado a uma política liberal radical, incluindo o apoio a um governo federal cada vez mais amplo, um estado de bem-estar social ao estilo europeu e uma aversão generalizada a famílias tradicionais. Por essa razão, uma minoria de mulheres norte-americanas hoje se identifica com o rótulo de "feminista".

Capítulo Um

A diferença entre meninos e meninas

Existem diferenças inatas entre os sexos? A resposta politicamente correta é "não". Embora educadoras feministas reconheçam que é impossível ignorar as diferenças da anatomia masculina e feminina, muitas insistem – com frequência, de maneira enfática – que as características comportamentais que costumamos associar a feminino e masculino são constructos sociais. Sua oposição geral, por alguma aversão cega, a qualquer discussão sobre as diferenças inatas de gênero é um importante pano de fundo para a compreensão de alguns dos desafios que as mulheres enfrentam hoje – e como as feministas desenvolvem uma visão e uma agenda que são contrárias aos desejos e interesses de muitas mulheres.

Veja só!

- O ex-reitor da Universidade de Harvard, Lawrence Summers, foi censurado pelos professores da instituição por especular a respeito das diferenças inatas entre homens e mulheres.
- Pesquisas sugerem que os cérebros dos homens e os das mulheres são formados de maneira diferente.
- A força da pesquisa científica – e da simples observação – leva à conclusão politicamente incorreta de que gênero não é uma construção social.

A controvérsia sobre gênero

Em janeiro de 2005, o então reitor da Universidade de Harvard, Lawrence Summers, discursou durante uma conferência científica dedicada a discutir as razões que explicariam por que as mulheres são sub-representadas nos campos da ciência e da matemática em universidades de primeira linha. Larry Summers, que atuou como Secretário do Tesouro no governo do presidente Bill Clinton, está longe de ser um teórico conservador. Contudo, nessa conferência, Summers cometeu o erro de mergulhar no tema controverso das diferenças de gênero.

Summers sugeriu algumas causas para a escassez de mulheres nos altos escalões da ciência e da matemática, como a possibilidade de discriminação e as aspirações das mulheres por horários mais flexíveis do que permitem as profissões que exigem intenso trabalho em laboratórios. Além disso, ele levantou a hipótese de que diferenças inatas entre os sexos poderiam contribuir para a baixa representação das mulheres no topo desses campos científicos.

> **O Que um Ícone Feminista disse:**
> "O problema com a Revolução Feminina é que não avançamos muito, porque queremos agradar nossos pais, maridos, irmãos, filhos. Além disso, sentimos pena deles porque são completamente dominados por seus pênis e têm o miolo mole. Aceitamos o fardo de sermos racionais porque sabemos que eles são dominados pela testosterona".
> – Erica Jong
> http://www.ericajong.com/interviewwitherica.htm
>
> GPI*

Isso desencadeou um verdadeiro bombardeio. Nancy Hopkins, professora de biologia do Instituto de Tecnologia de Massachusetts (MIT), presente na conferência, afirmou ter quase desmaiado ao ouvir Summers. Ao se recuperar, ela rapidamente correu para a mídia para manifestar seu descontentamento. E a mídia estava lá para ouvir. Nas manchetes das primeiras páginas e em incontáveis horas nos programas de televisão, a heresia de Summers foi cuidadosamente noticiada e discutida. Por fim, o corpo docente de Harvard se reuniu e censurou Summers com um voto de "desconfiança".

O assediado reitor da universidade deve ter percebido que incontáveis desculpas não iriam satisfazer os guerreiros do gênero de Harvard, então, ofereceu 50 milhões de dólares para iniciativas de estímulo à "diversidade" – o que significa "mais mulheres", e não mais pontos de vista – entre os professores da instituição.

O que Summers disse de tão errado? Ele não sugeriu que uma mulher não poderia realizar tanto quanto um homem nos campos da ciência e da matemática.

---

* GPI – Guia Politicamente Incorreto. (N. T.)

Ele simplesmente sugeriu que as diferenças biológicas *poderiam* contribuir para um determinado resultado estatístico envolvendo as mulheres como um grupo social.

Summers aprendeu sua lição e, sem dúvida, não irá cometer o erro de se envolver novamente em um debate acadêmico aberto desse tipo. Com certeza, outras pessoas também aprenderam uma lição semelhante. Que jovem professora, esperando sua efetivação na universidade, irá ousar questionar as donas do feminismo em suas pesquisas? Que estudante de doutorado, ansiosa por defender sua tese, irá buscar com determinação evidências de que os homens *de fato* demonstram, na média, uma maior aptidão para a ciência? Pode ser normalmente aceito que as mulheres possuem uma maior habilidade verbal inata, mas identificar pontos fortes semelhantes nos homens é traição acadêmica.

A controvérsia Larry Summers é apenas um episódio de um debate maior e enormemente polêmico sobre as diferenças entre os gêneros; diferenças que a maioria das pessoas de bom senso vê na vida cotidiana e considera natural.

Natureza ou educação?

Muitas feministas recuam diante da hipótese de que poderia haver diferenças inatas entre homens e mulheres e imaginam um mundo livre da discriminação de gênero. Em seu livro, *Taking Sex Differences Seriously* [Levando a sério as diferenças de sexo], o doutor Steven Rhoads revela como essas atitudes não são apenas comuns dentro da ala radical do movimento feminista: o tema é um dogma que domina grande parte da agenda dos movimentos feministas.

Por exemplo, a filósofa política Susan Okin imagina um futuro no qual "o sexo de uma pessoa não teria mais relevância do que a cor dos seus olhos ou o comprimento dos dedos do pé", e no qual homens e mulheres participariam em "mais ou menos igual número em todas as esferas da vida". Outra teórica feminista quer que mulheres e homens sejam vistos como "socialmente intercambiáveis".[1]

Não se Encontra na NOW:
  Sapos, caracóis e rabos de cachorrinhos;
  É disso que são feitos os menininhos. [...]
  Açúcar, canela e todas as coisas mais gostosinhas;
  É disso que são feitas as menininhas.***
  – Trovinha infantil

---

[1] RHOADS, Steven E. *Taking Sex Differences Seriously*. San Francisco: Encounter Books, 2004. p. 16.

** NOW é a sigla em inglês da Organização Nacional para Mulheres. (N. T.)

*** Tradução livre do original: *Frogs and snails, and puppy-dogs' tails; / that's what little boys are made of. [...] / Sugar and spice, and all that's nice; / that's what little girls are made of.* (N. T.)

Essas feministas acham possível alcançar uma sociedade sem gênero como um objetivo realista porque acreditam que os traços que rotulamos como "masculinos" e "femininos" nada mais são do que constructos sociais a nós impingidos desde o berço. As meninas são recebidas neste mundo com cobertores cor-de-rosa, bonecas fofinhas e Barbies enfeitadas; elas são estimuladas a brincar de casinha com as amigas e a ler contos de fadas. Por sua vez, os meninos são recebidos com cobertores azuis, caminhões e blocos de construção para montar; eles são incentivados a correr e competir com seus coleguinhas. Dessa maneira, as crianças são doutrinadas a se comportar de acordo com o seu gênero socialmente "designado".

Considerando que essas forças culturais são artificiais, elas podem ser modificadas. Promovendo a conscientização dos pais e estimulando-os a combater esses hábitos – e instituindo políticas públicas que determinam o que acontece nas escolas – é possível mudar as normas sociais. Portanto, se o gênero realmente é apenas uma construção social, o sonho feminista de uma sociedade andrógina poderia se tornar realidade.

Para grande desgosto do movimento feminista, os fatos não corroboram a sua teoria. Os pesquisadores continuam a encontrar indícios de que as diferenças comportamentais que observamos em homens e mulheres têm suas raízes nas diferenças biológicas sexuais. Um indício difícil de refutar são os aspectos universais dos papéis assumidos por homens e mulheres. Nesse sentido, Rhoads destaca o trabalho de um teórico que "não tem nenhum prazer" em reconhecer alguns aspectos da divisão dos gêneros – como a maior agressividade e dominação da "esfera pública" apresentadas pelos homens –, mas reconhece como essas diferenças entre os sexos aparecem ao longo de toda a história e em diferentes culturas.[2]

Às vezes, esse indício pode até mudar algumas cabeças. Uma pesquisadora foi a campo com a intenção de refutar a noção de que as diferenças no comportamento e na cognição têm base biológica. Porém, depois de analisar o enorme volume de pesquisas sobre o tema, ela mudou de ideia. "Existem diferenças sexuais reais e, em alguns casos, consideráveis em relação a algumas habilidades cognitivas", ela afirmou. "Práticas de socialização são, sem dúvida alguma, importantes, mas há também boas evidências de que as diferenças biológicas sexuais desempenham um papel nessa questão."[3]

Rhoads descreve uma evolução de pensamento semelhante que ocorre quando aquelas que estão comprometidas com a concepção de um mundo neutro em termos de gênero têm filhos. Uma feminista procurava criar o seu filho pequeno de uma maneira sensível, não violenta e neutra em relação ao gênero, mas o garoto

---

[2] Ibid., p. 18.
[3] Ibid., p. 21.

desenvolveu uma obsessão insaciável por armas. Sem nenhuma arma de brinquedo em casa, ele usava outros brinquedos e até alimentos para construir armas improvisadas. Outra feminista lutava com sua filha que se recusava a vestir qualquer coisa a não ser vestidos e meias.[4]

Um Livro Que Não Era Para Você Ler
Taking Sex Differences Seriously, de Steven E. Rhoads. San Francisco: Encounter Books, 2004.

As causas das diferenças entre homens e mulheres

Pesquisas sugerem que o cérebro dos homens e o das mulheres são construídos de maneira diferente, o que pode ser uma das causas de certas características diferentes que associamos a homens e mulheres.[5] Por exemplo, os hemisférios esquerdo e direito do cérebro masculino são ligados por um número menor de neurônios do que no cérebro feminino. Além disso, o cérebro dos homens tende a ser mais "compartimentalizado", enquanto o das mulheres se assemelha mais a uma "rede". Os pesquisadores conjeturam que essa pode ser a razão pela qual as mulheres são melhores em disciplinas verbais, enquanto os homens, tarefas espaciais.

Diferenças hormonais também têm sido apontadas como fatores que determinam as características comportamentais. Os pesquisadores estudaram meninas que, enquanto estavam no útero, foram expostas a altos níveis de testosterona – um hormônio encontrado tanto em meninas como em meninos, embora em níveis muito superiores no sexo masculino. Essas meninas exibiram muitos comportamentos normalmente associados a meninos, entre os quais maior agressividade, envolvimento em brincadeiras de luta e preferência por brinquedos mecânicos, como caminhões e materiais de construção, em vez de bonecas e trabalhos manuais – que seria a escolha típica das meninas.[6]

Outros estudos sobre mulheres adultas que apresentavam níveis mais altos de testosterona mostraram que essas mulheres exibiam mais características masculinas estereotipadas, como maior assertividade e foco na carreira, maior autorrespeito, maior interesse em sexo casual e habilidades espaciais superiores.[7]

---

[4] Ibid., p. 22-23.
[5] Ibid., p. 27-28.
[6] Ibid., p. 29.
[7] Ibid., p. 31.

O fato de que homens e mulheres são constituídos de maneira diferente explicaria por que características masculinas e femininas aparecem universalmente em toda a história e em toda parte do mundo. Contudo, esse conceito não se encaixa no dogma feminista, e é por isso que ele permanece tão controverso.

Por que as diferenças de sexo são importantes?

As feministas têm uma visão: "ver homens e mulheres igualmente representados em todas as disciplinas e em todas as esferas da vida. Elas lamentam que as mulheres ainda assumam uma responsabilidade desproporcional pelas tarefas domésticas e pela educação dos filhos, apresentem níveis mais baixos de realização nos negócios e na política e estejam longe de disciplinas como matemática e ciência.

Qual é a causa da falta de progresso feminino nessas áreas?

De acordo com as feministas, a sociedade e as atitudes discriminatórias e sexistas que ainda sobrevivem entre nós são as responsáveis.

Se você aceitar essas hipóteses, então alguma coisa pode – e de fato deve – ser feita. Enquanto a sociedade estiver em falta, a visão feminista pode, teoricamente, tornar-se realidade, transformando a educação pública, criando creches e serviços de assistência subsidiados pelo governo, estimulando mais mães a deixar os seus filhos para trabalhar e muitas outras medidas que podem mudar a sociedade.

Se, entretanto, as diferenças entre homens e mulheres não são constructos sociais – se, ao contrário, são o produto de diferenças biológicas inatas –, então nenhum nível de intervenção do governo irá criar a utopia feminista. Na verdade, se as diferenças de gênero são naturais, a noção feminista de progresso não é progresso de maneira nenhuma, e a sua agenda política produz homens e mulheres piores ao afastá-los das suas verdadeiras preferências em busca de uma fantasia feminista.

A força da pesquisa científica – e da simples observação – leva à conclusão politicamente incorreta de que gênero não é uma construção social. Sem dúvida, a socialização tem a sua função na formatação do nosso comportamento; mas as diferenças sexuais influenciam efetivamente o que somos como seres humanos. Entre outras coisas, isso significa que as mulheres e os homens terão preferências e reações diferentes em muitas situações – uma consideração importante quando examinamos a maneira como a visão feminista nos Estados Unidos, com frequência, está em oposição aos instintos e interesses expressos das mulheres.

Capítulo Dois

De volta ao romance

O namoro e os encontros tradicionais não desapareceram entre os adolescentes e os jovens de 20 e poucos anos. Durante décadas, as feministas têm taxado os papéis tradicionais de gênero nos relacionamentos românticos como machistas e opressivos para as mulheres. Para elas, homens que abrem as portas do carro e se oferecem para pagar a conta não são cavalheiros, mas misóginos que objetificam as mulheres e perpetuam o "patriarcado". As feministas celebram a revolução sexual e estimulam as mulheres a romper com as práticas tradicionais do namoro e a encarar os relacionamentos mais como os homens.

Qual o significado de tudo isso para as jovens mulheres? Por ironia, muitas dessas jovens experimentaram uma perda de poder na esfera do namoro no período pós-revolução sexual.

De maneira preponderante, as jovens ainda consideram o casamento como um objetivo importante, e grande parte das universitárias espera encontrar os seus futuros maridos antes de se formar. Porém, não estamos na década de 1950, e as mulheres precisam conhecer algumas armadilhas do novo cenário romântico e reconhecer os importantes papéis que o namoro e os encontros amorosos mais tradicionais desempenham na construção de relacionamentos saudáveis.

Veja só!

- De maneira preponderante, as jovens ainda consideram o casamento um objetivo importante.
- Pesquisas mostram que as mulheres ainda tendem a preferir homens que são os provedores da família, que elas possam considerar intelectualmente superiores e que são capazes de protegê-las fisicamente.
- Pesquisas também mostram que os homens preferem mulheres férteis e fiéis.

A aversão das feministas ao cavalheirismo

Estudos feitos por mulheres, com frequência, incluem análises sobre contos de fadas. Uma menina, afirmam elas, escuta desde a tenra infância que a sua maior aspiração deve ser a de conquistar o amor de um príncipe que irá salvá-la, protegê-la e fazê-la feliz para todo o sempre. Cinderela, uma garota obediente, serena e linda, maltratada por suas meias-irmãs espalhafatosas e feias, é recompensada por seu bom comportamento conquistando o amor de um belo príncipe. Por sua vez, A Bela Adormecida e Branca de Neve encontram-se inconscientes até serem beijadas por seus respectivos príncipes.

Para muitas feministas, essa é a quintessência das mensagens transmitidas para as meninas sobre o seu papel na sociedade. As feministas consideram os papéis tradicionais desempenhados por homens e mulheres durante o namoro como sexistas e degradantes para as mulheres. Os homens, afirmam elas, tinham muito poder no namoro tradicional. Eram eles que deviam tomar a iniciativa – procurando uma mulher, iniciando o contato, pagando as despesas e oferecendo presentes como sinal de afeição –, enquanto as mulheres deviam reagir de acordo com os avanços masculinos. Para uma mulher, era tabu procurar um homem, estabelecer um contato ou dividir com ele as despesas feitas durante um encontro.

A desigualdade da relação econômica entre homens e mulheres no namoro tradicional era particularmente repugnante para muitas feministas. O fato de se permitir aos homens assumir os encargos financeiros associados ao namoro implicava que eles estavam essencialmente "comprando" o tempo com a mulher ou que a mulher estava à venda. O namoro era visto como o período em que os homens podiam demonstrar sua capacidade financeira de sustentar uma futura companheira, o que sugeria que a mulher devia depender economicamente do seu futuro marido e que ela era incapaz de sustentar-se sozinha.

Gestos outrora esperados de cavalheiros – como abrir as portas ou oferecer seus lugares para as mulheres – já não eram mais vistos como cortesia, mas como evidência de que os homens consideravam que as mulheres eram um tanto fracas e menos capazes. De acordo com a lógica das feministas radicais, o ato de um homem que se oferece para carregar as pesadas sacolas de uma mulher significa que ela precisa da ajuda de um homem para conseguir fazer qualquer coisa.

Os Monólogos da Vagina

O fenômeno de *Os monólogos da vagina* e o advento do V-Day* nas universidades resume perfeitamente a aversão das feministas ao romance. *Os monólogos da vagina* consiste em uma série de esquetes que descrevem as experiências de várias vaginas: de sexo heterossexual e lésbico ao nascimento de uma criança, com foco especial na violência e no estupro. A peça estreou nos Estados Unidos em 1998 e hoje é apresentada em universidades por todo o país durante a semana de 14 de fevereiro, o Dia dos Namorados nos Estados Unidos.

Em vez de celebrar amor com flores e chocolates, os estudantes são convidados a comemorar o V-Day assistindo a uma peça bastante vulgar que, entre outras coisas, incentiva o público a gritar com a atriz a palavra "vagina".

Assistir a uma apresentação de *Os monólogos da vagina* não é a única maneira de comemorar o V-Day. Alguns grupos universitários distribuem pirulitos ou outras guloseimas com formato de vagina; outros grupos apresentam pessoas fantasiadas como vaginas gigantes que circulam pelo *campus*. O V-Day é uma mistura estranha da sexualização descontrolada das universidades e da desromantização do sexo, reduzindo-o aos seus aspectos biológicos mais básicos.

Além de "celebrar" as vaginas e a sexualidade feminina, o V-Day também é um momento para promover a conscientização sobre a violência contra as mulheres. Como o *website* do movimento afirma, sua missão é simples: "V-Day exige o fim da violência". A organização do movimento também "proclama o Dia dos Namorados (Valentine's Day) como o V-Day até que a violência termine".

Com certeza, levantar dinheiro e promover a conscientização para combater a violência contra as mulheres é um objetivo louvável. Porém, por que o ataque ao Dia dos Namorados? A implicação evidente é que a violência e as relações homem/mulher estão de alguma maneira naturalmente ligados e que o romance tradicional é pernicioso para as mulheres.

As mulheres precisam recuperar o Dia dos Namorados como um momento para comemorar o papel importante e positivo que o amor e o romance exercem em suas vidas.

---

* *Os monólogos da vagina* é uma peça de teatro escrita em 1996 pela escritora e ativista antiviolência norte-americana Eve Ensler. Em 1998, ela fundou o V-Day, um movimento global para combater a violência contra mulheres e meninas, que realiza eventos anuais em vários países do mundo, cujo objetivo é promover uma maior conscientização sobre o tema e levantar fundos para organizações que lutam para pôr fim à violência contra as mulheres. "V" significa Vitória, Valentine (devido ao Dia dos Namorados) e Vagina. (N. T.)

Considerando que as tradições que regem o comportamento masculino foram questionadas e radicalmente transformadas, as expectativas para as mulheres também mudaram. As mulheres passaram a ser estimuladas a assumir um papel mais ativo no processo do namoro. Velhas convenções, como aquelas que determinavam que uma mulher não deve procurar um homem, nem iniciar um namoro, foram descartadas. A noção de que as mulheres serviriam como guardiãs do sexo – impedindo seus pretendentes de "ir longe demais" – também foi contestada: as feministas insistiram em que as mulheres têm impulsos sexuais tão fortes quanto os homens, e não devem negá-los. Elas se rebelaram contra o sistema que marcou a virgindade de uma mulher com o rótulo da "virtude" e demonizou as mulheres sexualmente ativas.

O papel importante do namoro

Essas tradições e esses papéis não eram simplesmente um meio de objetificar as mulheres ou de instalar os homens em posições de poder. O namoro havia evoluído como uma maneira para que as pessoas pudessem se conhecer. Em geral, homens e mulheres iriam namorar vários indivíduos diferentes, avaliando, assim, sua compatibilidade como companheiros de casamento, antes que qualquer relacionamento significativo começasse. À medida que o relacionamento se tornava mais sério, o namoro passava a ser uma maneira de experimentar e demonstrar compromisso.

Mary Elizabeth Podles, que disserta sobre o tema, descreve o importante papel do namoro da seguinte maneira:

> Em namoros sérios, um homem transmite para uma mulher que, se ela vale todo o esforço que namorar requer, deve valer mais do que qualquer outra companheira no mundo e, dali em diante, merecerá ser A Única Mulher para ele. Por sua vez, a mulher garante que, se foi tão difícil para ele conquistar, com toda a certeza ela será, como sua esposa, inacessível para outros homens. A dança do namoro é a garantia tácita da fidelidade futura – a melhor base para um casamento feliz.[1]

Os diferentes papéis que homens e mulheres assumiram nesses rituais de namoro eram claramente determinados pelo gênero e poderiam ser entendidos como "sexistas". Contudo, essa perspectiva negativa ignora a realidade de que homens e mulheres, *de fato*, assumem diferentes papéis nos relacionamentos românticos, que eles têm diferentes necessidades e vulnerabilidades e que tendem a preferir

---

[1] PODLES, Mary Elizabeth. *Tradition and the Sexes*. The American Enterprise Online. Disponível em: http://www.taemag.com/issues/articleid.16204/article_detail.asp.

pessoas do sexo oposto que possuam as características normalmente associadas a esse gênero.

Pesquisas mostram que as mulheres ainda costumam preferir homens que são os provedores da família, que elas possam considerar intelectualmente superiores e que são capazes de protegê-las fisicamente.[2] Homens preferem mulheres férteis e fiéis, de maneira que possam se certificar de sua paternidade e que os seus filhos receberão os cuidados necessários para atingir a maturidade. Não é por acaso, nem é conspiração, que os rituais tradicionais do namoro permitam que os participantes exibam essas valiosas qualidades.

Entretanto, se o namoro tradicional desapareceu, que novas tradições tomaram seu lugar? É evidente que homens e mulheres continuam a estabelecer relacionamentos e a se casar; então, uma nova forma de "namoro" deve ter se desenvolvido.

Uma análise do cenário romântico moderno revela que, enquanto existem novas maneiras de namorar, muitas apresentam problemas significativos que o namoro tradicional evitava. Os mais importantes entre eles são a falta de espaço para que homens e mulheres possam identificar parceiros promissores e o fraco estímulo para a formação de relacionamentos estáveis e duradouros.

Um Livro que Não Era para Você Ler
A Return to Modesty: Rediscovering the Lost Virtue [Um retorno ao recato: redescobrindo a virtude perdida], de Wendy Shalit. New York: Free Press, 2000.

O admirável mundo novo do romance

Hoje, encontros em que um homem realmente convida uma mulher para sair se tornaram raros. Um estudo sobre mulheres com grau superior revelou que apenas metade das entrevistadas havia sido convidada para seis ou mais encontros desde que deixou a universidade, e um terço fora convidado para menos de dois encontros.[3]

---

[2] FARRELL, Warren, Ph.D. *Why Men Earn More*: the startling truth behind the pay gap – and what women can do about it. New York: AMACOM, 2005. p. 66-68.

[3] GLENN, Norval D., MARQUARDT, Elizabeth. Hooking up, hanging out and hoping for Mr. Right: college women on dating and mating today. Institute for American Values, commission by Independent Women's Forum, July 26, 2001, 5. Disponível em: http://www.iwf.org/campuscorner/pdf/hookingup.pdf.

O que substituiu o namoro tradicional? Em um estudo publicado pelo Independent Women's Forum (IWF, Fórum de Mulheres Independentes), os pesquisadores Norval Glenn, professor de sociologia da Universidade do Texas, e Elizabeth Marquardt, afiliada ao Institute for American Values (Instituto de Valores Norte-Americanos), entrevistaram mil mulheres com nível superior de várias partes dos Estados Unidos e identificaram diferentes tipos de relacionamentos nos quais homens e mulheres jovens normalmente se envolvem.

O primeiro tipo de relacionamento que eles identificaram é conhecido como "ficar". Enquanto a exata definição de "ficar" varia, basicamente o termo alude a um relacionamento amoroso que poderia ser qualquer coisa, desde um beijo até uma relação sexual sem compromisso. Em geral, "ficar" acontece entre pessoas que não se conhecem muito bem e, com frequência, é regado a bebidas alcoólicas. Ficar com alguém pode acontecer uma única vez ou se repetir; em qualquer caso, as partes entendem que não existe nenhuma obrigação de continuar o relacionamento. Cerca de 40% das mulheres pesquisadas haviam ficado pelo menos uma vez, e uma em cada dez entrevistadas havia ficado com alguém mais de seis vezes.

No outro extremo do espectro encontra-se o que os pesquisadores chamam de relacionamento "grudado o tempo todo". Nessa modalidade de relacionamento sério, o casal é sexualmente ativo, passa a maior parte de seu tempo junto, incluindo dormir na casa do parceiro, e é romanticamente fiel.

Outra forma comum de relacionamento identificado pelos pesquisadores é o "sair junto". Um homem e uma mulher que são amigos saem juntos, com frequência na companhia de outros amigos, algumas vezes sozinhos, mas seu interesse amoroso um no outro não é explicitamente reconhecido. Por fim, esse tipo de relacionamento pode se tornar mais abertamente romântico ou físico, evoluindo para a condição de ficar ou para a de grudado o tempo todo.

Essa série de entrevistas revelou uma falta notável de regras ou de um entendimento concreto em relação às expectativas existentes nesses relacionamentos. As mulheres que ficavam com alguém, com frequência, não sabiam se o homem iria dar um outro passo e se o relacionamento poderia evoluir para alguma coisa mais significativa.

Nenhuma dessas modalidades de relacionamento desempenha o papel do namoro tradicional, qual seja, o de permitir que as mulheres (e os homens) possam explorar o potencial para relacionamentos significativos com possíveis parceiros em um esforço para identificar os mais promissores, muito embora encontrar um marido ainda seja um objetivo almejado para a maioria das mulheres.

Em um certo sentido, homens e mulheres são mais iguais nos relacionamentos amorosos modernos – as mulheres podem tomar a iniciativa para ficar com um homem e são parceiras em organizar atividades para sair junto. Por sua vez, os homens não precisam mais tomar a iniciativa, considerando que as mulheres adotaram a ética masculina tradicional de ver o sexo como desejável fora do casamento ou de um relacionamento sério. O que não está totalmente claro é o que as mulheres ganharam com esses novos relacionamentos "iguais".

A perda de poder das mulheres

Ainda que seja mais aceitável para as mulheres agir como homens em um mundo pós-revolução sexual, elas também cederam um grande poder aos homens.

Nos rituais do encontro romântico tradicional, é o homem que deve se expor, arriscando ser rejeitado ao convidar uma mulher para sair. Porém, hoje, depois de ficar com um homem, a mulher, muitas vezes, desconhece as intenções dele – se um dia ele irá ligar ou encontrá-la de novo –, e, além disso, ela está relativamente menos poderosa.[4] Glenn e Marquardt observaram que com frequência as mulheres ficavam à espera de que os homens ditassem os termos que definiriam seu relacionamento. Foi apenas uma vez? Estamos apenas saindo juntos, ou temos um compromisso mais sério? As mulheres se sentiam relutantes em pressionar os homens para esclarecer a natureza da relação e, não bastasse, houve casos em que afirmavam ter "descoberto" que seu parceiro as considerava como "namorada" apenas por meio de uma terceira pessoa.

> **Aconteceu em *Sex and the City*:** *
>
> **Samantha:** Até que ele diga "eu te amo", você é livre para sair com quem quiser.
> **Carrie:** O que é isso? "As Regras Segundo Samantha"?
> **Samantha:** Viu? Eu sou mais antiquada do que você pensa.

Grande parte dessa perda de poder decorre da maior oferta de sexo disponível para os homens. Tradicionalmente a capacidade e disposição das mulheres de conter a satisfação sexual servia como uma maneira de disciplinar o comportamento dos homens. Se um homem desejasse ter relações sexuais com uma mulher, teria de cortejá-la, demonstrar seu interesse e afeto sinceros por ela, investir no relacionamento e prometer assumir as consequências que poderiam resultar da intimidade sexual.

---

[4] Ibid., p. 14.

* A série de televisão norte-americana *Sex and the City* [O sexo e a cidade], que conquistou um enorme público, mostra a vida de quatro mulheres solteiras e bem-sucedidas de Nova York no final da década de 1990: Carrie, Charlotte, Miranda e Samantha. (N. T.)

Hoje, muitas vezes, as mulheres pouco ou nada esperam dos homens quando dormem com eles. Aquelas que "ficam" não esperam um telefonema sequer, e mesmo as que mantêm um romance no estilo "grudado o tempo todo" não esperam necessariamente que seus relacionamentos durem (o mais provável é que tudo acabe em um rompimento de cortar o coração). Assim, os homens podem desfrutar os inúmeros benefícios do casamento – não apenas o sexo, mas também a companhia e um estilo de vida melhor que decorrem de se ter uma mulher que pode gostar de cozinhar e limpar para eles –, mas sem oferecer nenhum compromisso ou apoio em troca. Nesses tipos de relacionamento, os homens ainda são livres para avaliar suas opções no caso de uma candidata melhor (mais bonita, mais inteligente, mais jovem etc.) aparecer.

> **A Manhã Seguinte: Uma Análise Custo-Benefício**
>
> *Agora, eu não estou aqui para questionar o seu direito de ter relações sexuais se você estiver a fim ou se sentir solitária. As feministas da segunda onda lutaram por esse direito, e o mais provável é que você já tenha nascido com ele. Não se trata mais de garantir seu direito de buscar o prazer. Ele é seu, minha cara, assim, use-o como achar melhor. Porém, use-o com sabedoria. Pense em como você exerce esse poder e quais são os custos de dormir com homens nos quais você nem está assim tão interessada. Acredite em mim, ele está recebendo alguma coisa em troca, mas e o que você está recebendo?*
> – Ian Kerner, Ph.D., *Fala sério! Você também não está a fim dele*

Como consequência, muitas jovens se envolvem em relacionamentos que não levam a lugar nenhum com homens que não estão dispostos a assumir um compromisso. Em *Sex and the City*, as protagonistas vivem inventando desculpas para perdoar os homens que não levavam seus relacionamentos adiante. Um dos namorados de Carrie (interpretada pela atriz norte-americana Sarah Jessica Parker), por fim, explicou que quando um homem age dessa maneira é porque "ele simplesmente não está a fim de você". Essa ideia foi tão revolucionária que dois redatores de *Sex and the City* escreveram um livro sobre o assunto que logo se tornou um *best-seller*.

Ele simplesmente não está a fim de você* encoraja as mulheres a esperar mais dos homens e a não inventar desculpas para aqueles que não ligam, são casados,

---

*   BEHRENDT, Greg, TUCCILLO, Liz. *Ele simplesmente não está a fim de você: entenda os homens sem desculpas*. Rio de Janeiro: Rocco, 2005. (N. T.)

traem, tratam-nas mal ou se recusam a assumir um compromisso. O que está implícito nesse sensato conselho é que os homens, muitas vezes, têm mais cartas na manga do que as mulheres no moderno jogo do namoro. Elas são mais propensas a querer se casar e, devido a suas preocupações com a fertilidade, sentem mais pressão e desejo de casar mais cedo do que os homens. Como consequência, muitas vezes são as mulheres que se sentem desamparadas enquanto os homens impõem a natureza dos seus relacionamentos.

A esse *best-seller* se seguiu outro livro um pouco diferente sobre o mesmo assunto. Em *Fala sério! Você também não está a fim dele: eleve seus padrões e conquiste o amor que você merece*,* o autor e sexólogo norte-americano dr. Ian Kerner estimula as mulheres a tomar consciência da maneira como estão se envolvendo em relações equivocadas com homens de quem, para começar, elas nem sequer gostam. Esse livro está longe de ser um apelo às mulheres para abraçar a velha moral sexual – Kerner aplaude a existência de vibradores e a disposição e capacidade de certas mulheres de transar apenas por transar. Por outro lado, ele aborda os problemas práticos que elas enfrentam no novo cenário do namoro.

Kerner hesita em sugerir que as mulheres deveriam se preservar sexualmente como uma maneira de evitar relacionamentos que não valem a pena. É provável que ele reconheça que essa é uma solução politicamente incorreta extraordinária. Mesmo assim, ele não consegue evitá-la por completo:

> O aspecto negativo em um cenário em que as mulheres são tão agressivas quanto os homens e em que o sexo casual é uma norma correntemente aceita é que o maior beneficiário desse empoderamento feminino é o homem. Isso não quer dizer que as mulheres devam jogar seguindo certas "regras" ou se recusar ao sexo. Isso não funciona, e é um jogo tolo. Será?

Na verdade, as mulheres parecem famintas por "regras" que as ajudem a "ganhar" o jogo do namoro. Lançado em 1996, o livro *As 35 regras para conquistar o homem perfeito*[5] alcançou um sucesso estrondoso ao propor oferecer às mulheres um roteiro para recuperar o controle nos relacionamentos amorosos e, enfim, conquistar um marido. As feministas – e muitas outras pessoas – desaprovaram esse guia antiquado, que oferecia conselhos obsoletos, como "nunca ligue para um homem primeiro" e "não aceite um convite para um sábado feito depois de quarta-feira", discutivelmente reduzindo o processo de fracassar no amor a uma

---

*   KERNER, Ian. *Fala sério! Você também não está a fim dele: eleve seus padrões e conquiste o amor que você merece*. Rio de Janeiro: Best Seller, 2006. (N. T.)

[5] *As 35 regras para conquistar o homem perfeito*, de Ellen Fein e Sherrie Schneider. Rio de Janeiro: Rocco, 1997.

fórmula maniqueísta de sins e nãos. Embora essas regras possam parecer chocantes e fora de propósito hoje, em essência elas estimulam as mulheres a recuperar seu poder, restringindo o acesso dos homens a si mesmas.

Contudo, mesmo as mulheres que procuram seguir "As Regras" e mudar a dinâmica do namoro moderno adotando pessoalmente mais padrões convencionais para seus relacionamentos – como reservar o sexo para o casamento ou retardar o sexo até surgir uma relação monogâmica séria – são afetadas pela realidade do namoro na era feminista. Uma mulher que deseja manter a virgindade até se casar deve competir com mulheres dispostas a ter relações sexuais antes do casamento e, muitas vezes, sem compromisso. Seu poder de controlar um homem e estimulá-lo a assumir um compromisso e o casamento em troca de uma maior intimidade é limitado pela pronta disponibilidade de sexo em outro lugar.

> **Pontos de Referência: Encontrando o Homem Perfeito**
> - Não marque um encontro a meio caminho, nem divida as despesas
> - Não ligue para ele e raramente retorne suas ligações
> - Não aceite um convite para sair em um sábado à noite feito depois de quarta-feira
> - Sempre termine o encontro primeiro
> - Não faça confidências tão rapidamente
> - Nada mais do que um beijo casual no primeiro encontro
> - Não vá direto para o sexo

Reconstruindo o namoro

Os pesquisadores Glenn e Marquardt oferecem algumas indicações para a melhoria da qualidade do ambiente social que os jovens adultos enfrentam, entre elas a recomendação para que os pais acompanhem a vida de seus filhos, com o objetivo de estimular relacionamentos mais saudáveis entre rapazes e moças. Eles destacam, por exemplo, como o papel dos homens nos relacionamentos amorosos se tornou cada vez mais passivo e que os rapazes deveriam ser estimulados a tomar mais a iniciativa com as garotas.

Da mesma maneira, Wendy Shalit, que escreveu *A Return to Modesty* logo após ter se formado na faculdade, afirma que tanto os rapazes como as moças anseiam por uma maior interferência e orientação por parte de seus pais. Muitas vezes, a cultura e os meios de comunicação desaprovam os pais que procuram limitar as atividades de seus filhos, sobretudo de suas filhas, rotulando-os de "repressivos". Porém, os limites são importantes para ajudar os jovens a evitar decepções e criar as bases para a felicidade duradoura.

Isso não significa que precisamos atrasar o relógio de volta a uma época em que as mulheres esperavam o telefone tocar e jamais tomavam a iniciativa de dar o primeiro beijo. Contudo, é importante que as moças (e também os rapazes) estejam conscientes dos perigos do namoro moderno e reflitam sobre como criar uma cultura mais propícia para relacionamentos saudáveis e duradouros.

As Dez Coisas Mais Importantes que as Mulheres Precisam Saber (e que as feministas jamais lhes contarão!)

10. Flores, doces e atitudes como abrir as portas não são armas de opressão. Gestos de cavalheirismo mostram que um homem realmente respeita você e que pode estar interessado em um relacionamento.
9. Você é mais fértil quando está na faixa dos 20 anos. A partir dos 30, a fertilidade diminui, e muitas mulheres têm dificuldades para engravidar depois dos 35 anos de idade. Por isso, planeje-se com antecedência!
8. A discriminação não é a razão de as mulheres ganharem menos dinheiro do que os homens. As mulheres é que fazem escolhas diferentes e têm diferentes prioridades, e isso resulta no fato de ganharem menos.
7. Os preservativos não são uma garantia contra as doenças sexualmente transmissíveis (DSTs) – os preservativos fazem pouco ou nada para prevenir a disseminação de várias DSTs graves.
6. As crianças criadas pelos pais tendem a apresentar menos problemas emocionais e comportamentais do que aquelas que passam longas horas em creches.
5. Nem todo o mundo faz sexo casual. O número de suas colegas que praticam esse tipo de sexo é menor do que você imagina – e aquelas que praticam muitas vezes se arrependem.
4. Não há vergonha em sentir desejo de se casar – as pessoas casadas tendem a ser mais felizes, mais saudáveis e mais bem-sucedidas financeiramente.
3. O divórcio não apaga um casamento – muitas vezes, cria um novo conjunto de problemas para você e seus filhos.
2. Você deve estabelecer objetivos para sua vida pessoal da mesma maneira como faz para sua carreira.
1. Ser uma mulher não faz de você uma vítima. Você tem escolhas a fazer e com as quais terá de viver. Isso é ser liberada e independente.

Capítulo Três

Sexo com amor e sexo sem amor

Uma garota que lê a *Nova* ou assiste a programas populares de televisão poderia com facilidade acreditar que é um fracasso como mulher liberada, a menos que esteja praticando sexo casual. As feministas há muito têm lamentado como a sociedade idealizou a virtude feminina, estimulando as mulheres a se tornarem guardiãs do sexo. As feministas aplaudiram a revolução sexual que tornou o sexo casual mais aceitável.

Veja só!

 As mulheres perderam a revolução sexual.
 As mulheres ainda são mais vulneráveis do que os homens e lamentam sua incapacidade de separar o sexo do amor.
 Muitas mulheres se arrependem do sexo casual, não apenas de imediato, mas também anos mais tarde, quando já estão casadas ou quando finalmente encontraram o amor de sua vida.

Na realidade, as mulheres perderam a revolução sexual. As mulheres ainda são mais vulneráveis do que os homens e, embora muitas delas tenham adotado a ética do sexo casual, muitas vezes elas se dizem arrependidas e lamentam sua incapacidade de separar o sexo do amor. Existem boas razões para as mulheres investirem sua emoção no sexo, e as jovens devem reconhecer os benefícios de abraçar a ética de reservar o sexo para relacionamentos de compromisso duradouro e monogâmico.

O caso de amor da mídia com o sexo

No mundo das revistas femininas, o sexo é uma atividade recreativa. Da mesma maneira que uma revista sobre pesca ou sobre culinária oferece a seus leitores dicas úteis para aproveitar esses *hobbies* ao máximo, o mesmo acontece com muitas revistas femininas em relação ao sexo. Quase todas as capas de revista exibem uma manchete "sex-sacionalista", como é o caso dos clássicos manuais da *Nova*, entre os quais "Abaixo da cintura: guia da intimidade feminina da Nova", "Carícias sexuais para ele" e "Sexo supersensual: truques para tocar seu homem", mas que não ficam atrás de outras matérias difíceis de serem superadas como "O bumbum masculino: o que o formato do derrière revela sobre a personalidade de seu homem".

Essas não são dicas de como tratar seu marido ou namorado; são dicas para você aplicar em qualquer homem com quem for para a cama. Tomemos a edição de agosto de 2005 da *Marie Claire* norte-americana, que traz uma matéria intitulada "Could Your Guy Pick the Perfect Sex Toy for You?" [Seu homem seria capaz de escolher o brinquedo sexual perfeito para você?], na qual dois casais escolhem uma série de brinquedos sexuais com os quais devem surpreender seu parceiro e descrever suas reações. Um dos casais – os jovens namoravam havia apenas cinco meses – descreveu assim sua experiência: "A venda para os olhos e as algemas foram ótimas. Também adorei a pintura corporal e a ideia de pintar *sobre* o nu como uma maneira de variar! Porém, minha surpresa favorita foi a palmatória. [...] a troca de presentes sem dúvida confirmou o quanto somos compatíveis, não apenas sexualmente, mas também de outras maneiras".

Algumas páginas adiante, as jovens leitoras se defrontam com "13 Sex Lies You Need to Know!" [13 mentiras sobre sexo que você precisa conhecer!]. Os mitos importantes desmentidos nesse artigo incluem "fazer sexo com o ex é sempre uma péssima ideia", "dormir com um colega de trabalho é inaceitável" e "você precisa estar com vontade toda vez que transar". Outro artigo traz depoimentos divertidos de mulheres "comuns" que responderam à seguinte pergunta: "Em que você realmente pensa durante o sexo?". As respostas revelam tais sentimentos românticos, como estes: "Que bom você se lembrar de meu nome – agora, poderia parar de repeti-lo, por favor?", "Não acredito que aquele cara bonitão de ontem à noite não ligou. Espero que ele ligue mais tarde!" e "É claro, ele é virgem".

Não apenas esses artigos, publicados com regularidade em revistas dirigidas a jovens mulheres, mostram o sexo como um *hobby* divertido e sem significado como reforçam a crença de que todo o mundo está transando, e muito. Uma mulher que não esteja "assumindo o controle de sua sexualidade" e se envolvendo com inúmeros amantes está ficando para trás.

Esse tema faz eco em programas de televisão "obrigatórios" como *Friends*,* que é sempre reprisado no horário noturno em canais a cabo nos Estados Unidos. Os personagens que enfrentam a "maldição da secura sexual" de mais do que alguns meses são ridicularizados ou recebem a solidariedade dos amigos por sua situação difícil e incomum. O sexo casual também é a base de muitos *reality shows* da televisão norte-americana destinados a jovens, como *The Real World* [O mundo real]. Esse programa é tramado com o propósito explícito de colocar jovens universitários bonitos e atraentes que não se conhecem em uma condição de intimidade e com acesso ao álcool, a fim de estimular uma enxurrada de situações sexuais. Os participantes que se envolvem no maior número de aventuras sexuais permanecem mais tempo no ar e, muitas vezes, acabam como pseudocelebridades. E, é lógico, na série popular da HBO *Sex and the City*, as personagens principais se envolvem com inúmeros amantes, com frequência sem nenhuma expectativa ou desejo de compromisso.

Esses programas sem sombra de dúvida influenciam as jovens. *Sex and the City* criou uma onda de jovens aspirantes a jornalistas especializadas em sexo nas universidades dos Estados Unidos. Natalie Krinsky, autora de *Chloe Does Yale* [Chloe faz Yale], lançou sua carreira de escritora com uma coluna sobre sexo no jornal *Yale Daily News*, estampando manchetes como "Spit or swallow: It's all about the sauce" [Cuspir ou engolir: tudo depende do molho]. Meghan Bainum, que mantém uma coluna sobre sexo no jornal *The University Daily Kansan*, acabou posando para a revista masculina *Playboy*. Ambas afirmam que *Sex and the City* foi sua fonte de inspiração.[1] Para essas jovens – e a maioria das colunistas de sexo dos jornais universitários é formada por mulheres –, nenhum tema se encontra fora dos limites. A mensagem clara e fundamental de suas colunas é que o sexo, e muito sexo, faz parte da vida de uma estudante universitária.

Evidentemente, essa expectativa não se esgota na universidade. Cada vez mais, nossa cultura parece aplaudir as mulheres infamemente promíscuas – mesmo que ainda torça o nariz para elas. Monica Lewinsky, a estagiária que quase derrubou

---

*   Uma das séries de maior sucesso da televisão norte-americana, *Friends* conta a história de um grupo de seis amigos que vivem em Nova York. (N. T.)
[1]   THOMPSON, Doug. Sex and the single coed. *Capitol Hill Blue*, 29 de outubro de 2002.

um presidente* ao seduzi-lo mostrando a calcinha, mudou para sempre a imagem da funcionária: de dedicada aspirante à carreira política a sedutora sexual. Monica pode ter se tornado o alvo de piadas em todo o país, mas também colheu muitas recompensas por sua notoriedade. Quando estava na faixa dos 20 anos, essa garota (fossem outras as circunstâncias) rica e comum, lançou sua própria linha de bolsas e apresentou, ainda que temporariamente, um *reality show* realmente ruim na televisão.

Agora, outras mulheres parecem dispostas a seguir suas pegadas. Jessica Cutler – na época funcionária do Capitólio – mantinha um blog na internet em que descrevia suas aventuras sexuais com vários homens. Quando o blog foi relacionado a alguns *websites* proeminentes de Washington, Jessica alcançou notoriedade instantânea. Ela foi imediatamente demitida de seu emprego, mas acabou lucrando com o escândalo, pelo menos financeiramente. Jessica posou para a *Playboy* e recebeu mais de 100 mil dólares adiantados para escrever um livro baseado em sua experiência, *Sexo no Capitólio*.** [2]

Quando entrevistada, Jessica aparece como uma figura simpática que está procurando tirar o melhor de uma situação ruim. Contudo, é perturbador que muitas garotas vejam um pote de ouro no fim do arco-íris da promiscuidade se estiverem dispostas a pôr a vergonha de lado.

Estudos acadêmicos da mulher ou *Nova*?

Se algumas pessoas se surpreenderam com o fato de que a mídia transmite a mensagem de que a promiscuidade sexual é uma parte da vida que traz aventura e satisfação, outras ainda podem ser pegas de surpresa ao ver que a mesma mensagem ecoa no mundo acadêmico. Christina Stolba, trabalhando para o Independent Women's Forum, analisou os programas de estudos introdutórios sobre a mulher de trinta faculdades norte-americanas e descobriu que apenas alguns livros eram usados, e usados com frequência, nesses cursos.[3] Eu li esses textos (e outros que surgiram na livraria virtual Amazon), e muitas vezes me espantei com as informações questionáveis apresentadas como verdade para os estudantes norte-americanos.

---

*   Refere-se ao ex-presidente dos Estados Unidos Bill Clinton, que se envolveu em um escândalo sexual com Monica Lewinsky, na ocasião estagiária na Casa Branca. (N. T.)
** CUTLER, Jessica. *Sexo no Capitólio*. Rio de Janeiro: Record, 2008. (N. T.)
[2] WITT, April. Blog interrupted. *Washington Post Magazine*, 15 de agosto de 2004, p. 16.
[3] STOLBA, Christina. Lying in a room of one's own. *Independent Women's Forum Special Report*, 1º de julho de 2003.

Por que essa garota está gritando com o namorado? Ah, ela acaba de sair de sua aula de estudos sobre a mulher.

"No patriarcado, as mulheres em nossos papéis sexuais devem funcionar de maneira ideal, não como seres humanos cheios de autoafirmação e de autossatisfação, mas sim como lindas bonecas para serem vistas, tocadas, sentidas, experimentadas para o excitamento [...] para serem apreciadas, consumidas e, por fim, exauridas e trocadas por um modelo diferente. [...] Nosso papel sexual no patriarcado é para ser seguido, não para ser vivido por nós mesmas, exceto na medida em que isso possa servir aos interesses ou necessidades dos usuários".
    – **Sheila Ruth**, *Issues in Feminism: An Introduction to Women's Studies* [Questões sobre feminismo: uma introdução aos estudos da mulher]

"A sexualidade feminina [...] é vista como alguma coisa para ser reprimida e controlada, como vemos na dicotomia tradicional de rotular as mulheres ou como virgens ou como prostitutas. Esses rótulos retratam a sexualidade feminina como imoral e perigosa se não for contida e implicam que 'as boas meninas' reprimem os seus sentimentos sexuais".
    – **Margaret L. Andersen**, *Thinking About Women: Sociological Perspectives on Sex and Gender* [Uma reflexão sobre as mulheres: perspectivas sobre sexo e gênero]

"O roteiro predominante para a moralidade sexual é um duplo padrão que restringe o comportamento sexual feminino mais do que o masculino. O rapaz ou homem que tem múltiplas parceiras sexuais e um forte interesse sexual é um 'garanhão'; já uma moça ou mulher com as mesmas características é uma 'piranha'. [...] O duplo padrão é alimentado por culturas como a nossa, em que os homens dominam a política e a economia. O acesso sexual a mulheres faz parte do sistema de propriedade; os homens afirmam seu elevado *status* mantendo relações sexuais com tantas parceiras e tantas vezes quanto possível, enquanto as mulheres se mantêm preciosas (e dignas de casamento), guardando-se para o homem certo".
    – **Naomi B. McCormick**, *Sexual Salvation: Affirming Women's Sexual Rights and Pleasures* [Salvação sexual: afirmando os direitos e prazeres sexuais das mulheres]

Nessas publicações, a exploração sexual é um elemento-chave da liberação feminina. Afirmam os autores que o impulso para restringir o sexo dentro do casamento ou de um relacionamento sério provém de uma tal instituição perversa e amorfa chamada "patriarcado". Foi o patriarcado que criou um sistema no qual as mulheres tinham de servir como guardiãs sexuais e que relacionava virgindade com virtude. Abraçar o credo do recato sexual é comparado a abraçar a opressão.

O papel do feminismo em transformar os costumes sociais aumentando o reconhecimento da sexualidade feminina, apoiando sua aceitação e estimulando um maior acesso ao controle da natalidade é comemorado como um grande triunfo. As feministas assinalam como a sexualidade da mulher era vista como "perigosa" ou potencialmente não saudável, ao mesmo tempo que destacam os benefícios de uma maior liberdade sexual feminina.

Todos podemos concordar que é melhor quando as mulheres (e os homens) reconhecem o papel saudável que o sexo deve desempenhar em suas vidas. Entretanto, algumas feministas fazem muito mais do que convidar as mulheres para entrar em contato com sua sexualidade e compreender melhor o papel que a sociedade desempenha na formação moral; elas incentivam as mulheres a se envolverem em uma maior experimentação sexual.

> **O Que um Ícone Feminista disse:**
> "Uma mulher liberada é aquela que tem sexo antes do casamento e um emprego depois".
> – Gloria Steinem

GPI

A líder e ícone feminista Gloria Steinem sintetizou o entendimento feminista do que significa ser uma mulher moderna: "Uma mulher liberada é aquela que tem sexo antes do casamento e um emprego depois". Em outras palavras, se você não tem sexo antes do casamento, não é uma mulher liberada. Em seu livro *Slut! Growing up Female with a Bad Reputation* [Piranha! Tornando-se mulher com uma péssima reputação], a feminista Leora Tanenbaum analisa o impacto devastador que ser rotulada de promíscua pode ter sobre a vida de uma mulher e uma série de maneiras – muitas das quais não têm relação com o envolvimento de atividade sexual – pelas quais uma jovem pode adquirir o rótulo de "piranha".

Nenhuma mulher merece ser atormentada por suas iguais, mas Tanenbaum revela sua inadequada opinião a respeito das mulheres que não se envolvem com a experimentação sexual e que associam sexo a amor. Ela destaca o trabalho de um pesquisador que estudou quatrocentas adolescentes que gastavam "milhares de horas planejando a primeira relação sexual". Em geral, essas garotas não experimentavam muito prazer físico com a penetração e ficavam "perturbadas" depois que o relacionamento fracassava. Ela resume o que considera como sendo o problema:

As expectativas irreais dessas garotas de fundir amor e sexo acarretaram uma profunda infelicidade. [...] Ao contrário dessas "narrativas do amor verdadeiro", um pequeno número de jovens entrevistadas por Thompson mantinha romance e sexo em uma perspectiva saudável. Essas garotas [...] procuravam o prazer sexual, assim como romance, mantendo um senso de independência. Elas eram responsáveis usando métodos contraceptivos. Além disso, essas meninas se divertiam. Quando o relacionamento fracassava, elas mantinham seu senso de humor e a perspectiva de que sempre existiriam outros rapazes.

Em outras palavras, é um erro uma jovem levar o sexo tão a sério ou deixar uma expectativa de relacionamento amoroso se misturar com os seus desejos sexuais. Naturalmente, uma adolescente que opta por se tornar sexualmente ativa com seu namorado esperando que essa relação leve ao casamento, muitas vezes, está se iludindo. Essas jovens devem compreender que a maioria dos namoros juvenis acaba, razão pela qual elas deveriam pensar em evitar um envolvimento sexual com seus namorados, considerando que isso pode aumentar a decepção no final do relacionamento.

Para Tanenbaum, a definição de uma atitude "saudável" em relação ao sexo é essencialmente física e permite a uma mulher minimizar a perda de um amante. A autora ainda compara a vida tediosa daquelas que igualam sexo e amor à vida vibrante e colorida desfrutada por mulheres sexualmente ativas que renunciam à monogamia.

Algumas feministas têm reconhecido que a nova ética sexual trouxe consequências negativas para as mulheres. A escritora feminista Sally Cline lamenta a maneira como as mulheres adotaram as piores características dos homens e chama o período pós-revolução sexual moderno como "A Era da Apropriação Genital":

> O que a Era da Apropriação Genital na verdade permitiu foi um maior acesso ao corpo feminino por mais homens; o que ela de fato alcançou não foi uma ampla liberação para as mulheres, mas uma ampla legitimidade para a promiscuidade masculina; o que ela realmente trouxe para as mulheres foi a fragmentação masculina da emoção física e a facilmente interiorizada separação entre o sexo genital e o amor responsável.[4]

A escritora feminista Naomi Wolf corroborou esse sentimento em um artigo sobre Jessica Cutler, em que admite que a revolução sexual tem sido uma faca de

---

[4] SHALIT, Wendy. *A return to modesty: rediscovering the lost virtue*. New York: Free Press, 2000, p. 192.

dois gumes, deixando as mulheres mais sexualmente livres, mas confusas sobre o papel adequado do sexo:

> O que se conquistou é que elas rejeitam completamente o duplo padrão e acreditam que têm o direito à exploração e satisfação sexual. O aspecto negativo é que criamos uma geração de mulheres – e de homens – que não entende éticas sexuais como: não dormir com um homem casado; não criar embaraços para as pessoas com quem você teve um relacionamento consensual. Elas não veem mais o sexo como sagrado nem mesmo como muito importante. Esses aspectos foram perdidos. O sexo foi transformado em mercadoria e esvaziado de seu mais profundo significado.[5]

Para as jovens mulheres, é importante ouvir essa mensagem de líderes do movimento feminista. Infelizmente, esse tipo de declaração é soterrado por uma avalanche de mensagens contrárias encontradas nas universidades, nos meios de comunicação e em muitos estudos sobre a mulher e em textos feministas. Com base nessas fontes, uma jovem pode muito bem concluir que estará deixando de ser moderna e liberada se não experimentar o sexo casual ou se entender uma relação física como adequada apenas entre um homem e uma mulher dentro dos limites do casamento ou de um relacionamento monogâmico.

Liberdade sexual não é exatamente liberação

Nem todas as adolescentes e jovens ativas sexualmente estão felizes com sua decisão. Muitas afirmam que se arrependem de ter mantido relações sexuais. Uma pesquisa (de 2003) realizada pela Fundação Família Kaiser e a revista feminina juvenil *Seventeen* mostrou que mais de seis em cada dez adolescentes sexualmente ativas gostariam de ter esperado para transar. Quase quatro em cada dez jovens sexualmente ativas afirmaram que gostariam de ter esperado até que fossem mais velhas.[6]

A pesquisa realizada pela National Campaign to Prevent Teen Pregnancy (Campanha Nacional de Prevenção à Gravidez na Adolescência) revelou um nível ainda mais elevado de arrependimento entre adolescentes sexualmente ativos. Dois terços gostariam de ter esperado mais tempo antes de manter relações sexuais – um aumento desde 2002, quando 63% afirmaram que de-

---

[5] WITT, April. Blog interrupted. *Washington Post Magazine*, 15 de agosto de 2004, p. 16.

[6] Questão 16 em: Questionnaire and Detailed Results: A Series of Surveys on Teens About Sex. The Henry J. Kaiser Family Foundation, outubro de 2003. Disponível em: www.seventeen.com/sexsmarts.

> **Oximoro:* Sexo Casual**
>
> Sexo casual. Quem imaginaria que ele poderia ser tão complicado? Afinal, a palavra "casual" traz consigo uma noção de falta de cuidado e simplicidade – mas talvez seja justamente aí que os problemas comecem. Considerando que uma atitude sem limites pode resultar em uma experiência efêmera, percebemos que a falta de cuidado pode tornar o sexo casual muito menos divertido para uma garota, tanto física como emocionalmente. É por isso que pedimos a você para refletir sobre o assunto da forma mais cuidadosa possível. [...] Essa é uma das muitas razões por que escrevemos este livro. [...]
> Conclusão: ele é bom e, no momento certo, faz você se sentir bem consigo mesma. [...] E não há absolutamente nada de errado com isso, minha cara. De nenhuma maneira e em nenhuma hipótese.
>
> The Happy Hook Up: A Single Girl's Guide to Casual Sex

sejavam ter esperado. As meninas se mostraram mais arrependidas de terem mantido relações sexuais do que os meninos: mais ou menos oito em cada dez garotas e seis em cada dez garotos afirmaram que gostariam de ter esperado mais tempo.[7]

Esse nível de arrependimento não é surpresa quando consideramos o papel que a pressão dos colegas desempenha em muitas decisões dos adolescentes de ter relações sexuais. Essa situação acontece sobretudo no caso das meninas. De acordo com a pesquisa da Fundação Família Kaiser/*Seventeen*, mais de nove em cada dez garotas concordaram enfaticamente com a afirmação de que "as garotas são, com frequência, pressionadas a fazer sexo antes de estarem prontas".

Arrependimento e confusão não terminam para as mulheres ao se formarem no ensino médio. Em seu estudo sobre sexo e a cultura do namoro em universida-

---

* Oximoro consiste em reunir palavras contraditórias; paradoxismo. Fonte: *Novo Dicionário Aurélio – Século XXI*, de Aurélio Buarque de Holanda Ferreira. Editora Nova Fronteira. (N.T.)

[7] With One Voice 2003: America's Adults and Teens Sound Off About Teen Pregnancy. National Campaign to Prevent Teen Pregnancy, dezembro de 2003, p. 3. Disponível em: http://www.teenpregnancy.org/resources/data/pdf/wov2003.pdf.

des, Glenn e Marquardt destacam os sentimentos conflitantes que muitas jovens expressam sobre esses breves "relacionamentos":

> As mulheres afirmaram que, após terem ficado com alguém, com frequência sentiam-se estranhas e, às vezes, magoadas. Algumas delas disseram não saber se a "ficada" levaria a alguma coisa mais, o que as deixava confusas no caso de desejarem algo mais do encontro. Ao mesmo tempo, uma série de mulheres também afirmou se sentir poderosa, desejável e *sexy* depois de uma ficada.[8]

A insatisfação que essas mulheres experimentaram não é incomum para aquelas que se envolvem com o sexo casual. Em *Taking Sex Differences Seriously*, Steven Rhoads destaca o trabalho do antropólogo John Townsend, que realizou entrevistas detalhadas com quarenta estudantes de medicina e cinquenta formandas, selecionadas por serem "excepcionalmente abertas ao sexo casual". Townsend descobriu que, ao longo do tempo, elas passaram a apresentar uma tendência para rejeitar o sexo casual após vivenciarem três fases.

> **O seu médico poderá ter de tratar dessa cor.**
>
> As regras sexuais levam à repressão sexual. Meninas e mulheres que mantêm o sexo dentro dos limites do romance adolescente descrevem sua sexualidade em tons de cinza. Aquelas que são sexualmente ativas e ainda se recusam a se comprometer com um único rapaz retratam sua sexualidade – e, na verdade, toda sua vida – em cores vibrantes.
> — **Leora Tanenbaum**, *Slut! Growing up Female with a Bad Reputation*

Na primeira fase, as mulheres viam o sexo casual como uma oportunidade para testar sua atratividade e não se sentiam emocionalmente marcadas pela experiência. Na segunda fase, as mulheres enfrentavam dificuldades para ajustar emoções conflitantes: "Elas dizem que o sexo sem emoção é bom, mas preocupam-se com as intenções do homem após uma transa, porque os encontros sexuais anteriores não evoluíram para os relacionamentos desejados". Na última fase, as mulheres rejeitavam o sexo casual na esperança de encontrar um relacionamento que trouxesse mais apoio emocional e compromisso de seus parceiros.[9]

---

[8] Glenn e Marquardt, p. 11.
[9] Rhoads, p. 103.

Tanto Townsend como Glenn e Marquardt observam que as mulheres mostraram frustração com suas emoções, ou culparam a si mesmas, não por praticar o sexo casual, mas por se sentir emocionalmente envolvidas depois.[10] Quando a realidade não correspondia ao dogma feminista, as mulheres assumiam que o problema era delas.

Arrependimento por ter muitos parceiros sexuais é comum entre as mulheres. Uma pesquisa de 1998 realizada pela revista *Glamour* revelou que quase metade das mulheres entrevistadas (49%) gostariam de ter dormido com menos homens. Menos de uma em dez (7%) gostaria de ter tido mais parceiros.

Mesmo as entusiastas do sexo casual reconhecem que muitas mulheres tendem a se arrepender desses casos e devem se prevenir contra as emoções que possam estragar a diversão. O livro *Happy Hook-up: A Single Girl's Guide to Casual Sex* ["Ficar" e ser feliz: o guia da mulher solteira para o sexo casual] inclui uma lista de dicas para "manter a mente concentrada no jogo". Entre as regras que devem governar o sexo casual estão "compreender que sexo não é amor"; "manter suas emoções e seus orgasmos separados"; "certificar-se de que é apenas sexo"; "limitar os encontros"; "manter-se ocupada"; e "manter-se ligada às outras garotas". Além disso, as mulheres são advertidas a não se envolver em sexo casual com alguém em quem possam eventualmente estar interessadas para um relacionamento verdadeiro.[11]

As autoras advertem que o sexo casual não é para todas as mulheres, porque muitas não conseguem seguir essas regras. Entretanto, mesmo aquelas que participaram da "Pesquisa Happy Hook-up" – uma amostra que tende a se revelar muito mais à vontade com o sexo casual do que a mulher média – enfrentavam o arrependimento. Quase nove em cada dez mulheres liberadas que foram pesquisadas admitiram ter se arrependido de fazer sexo casual em uma ocasião.[12]

Uma aversão biológica ao sexo casual

Nossa conceituada professora de estudos da mulher, sem dúvida alguma, iria salientar que as emoções negativas que as mulheres experimentam são uma reação às expectativas da sociedade. Um sentimento de vergonha não é inato, mas um produto da estrutura patriarcal que criou um ideal de pureza para as mulheres.

As expectativas da sociedade podem contribuir para algumas emoções que as mulheres experimentam. Porém, independentemente de sua origem, as mulheres

---

[10] Glenn e Marquardt, p. 14.
[11] SHERMAN, Alexa Joy, TOCANDINS, Nicole. *Happy Hook-Up: A Single Girl's Guide to Casual Sex*. Berkeley, CA: Ten Speed Press, 2004, p. 27-31.
[12] Sherman e Tocandins, p. 248.

jovens merecem saber que poderão experimentar emoções negativas após praticar o sexo casual.

O "patriarcado" é apenas uma das origens possíveis – e um tanto improvável – da ligação emocional entre sexo e amor. Para algumas, sua fé religiosa diz que certos comportamentos são errados. Além disso, a antropologia humana é outra origem possível desses sentimentos: fazer sexo com homens nada dispostos a investir na mulher ou em uma descendência é quase certo que coloca em perigo as chances de sobrevivência de uma mulher. Como Townsend conjetura, "possuímos mecanismos inconscientes de motivação emocional que alertam as mulheres por meio de maus sentimentos quando elas assumem um comportamento sexual que teria sido inadaptável nas primeiras eras evolucionárias. O sexo casual com homens não dispostos a investir nelas ou em seus descendentes é uma fonte primária desses sentimentos negativos".[13]

Em *Taking Sex Differences Seriously*, Steven Rhoads analisa como as diferenças físicas entre homens e mulheres determinam suas respostas ao sexo. As mulheres são mais vulneráveis às consequências físicas do sexo, incluindo gravidez e doenças (discutidas em outro capítulo). As mulheres também são diferentes dos homens do ponto de vista hormonal, pois o aumento da secreção de hormônios durante a puberdade afeta homens e mulheres de maneiras diferentes. As mulheres reagem a essas mudanças físicas com um desejo maior de "união", assim como com um maior impulso sexual, enquanto os homens não apresentam nenhum desejo maior de "aproximação". Durante esse período da adolescência, os garotos tendem a querer passar mais tempo sozinhos, enquanto as garotas procuram por mais companhia.[14] Essas diferenças hormonais ajudam a explicar por que as mulheres têm mais dificuldades de separar a atividade sexual das respostas emocionais.

O doutor Ian Kerner, autor de *Fala sério! Você também não está a fim dele*, também identifica as respostas biológicas como uma das causas que fazem as mulheres se envolverem seriamente com homens com quem elas não querem de modo algum ficar pelo resto da vida. As mulheres tendem a se sentir ligadas a um homem depois de dormir com ele, em parte, devido à liberação dos hormônios ocitocina e dopamina que acompanham o sexo e que desencadeiam nelas as emoções, como o afeto e o apego.

Como resultado desse processo, as mulheres acabam perdendo tempo com homens de quem "na verdade não estão a fim". Após uma série de relacionamentos como esse, algumas se tornam ansiosas por casar devido ao avanço de sua idade e acabam "se arrumando" com um homem que de modo algum desejam.

---

[13] Rhoads, p. 104.
[14] Ibid., p. 107.

Por outro lado, as mulheres podem acabar decepcionadas quando um relacionamento não evolui para algo mais além do sexo casual, mesmo quando isso era tudo o que pretendiam. Essa situação é uma faca de dois gumes, e uma bem afiada emocionalmente.

As emoções negativas que as mulheres experimentam após o sexo casual também podem ocorrer porque, tão injusto e frustrante como possa parecer, os homens são mais propensos a querer relacionamentos sérios com mulheres que reservam o sexo para o casamento ou para um compromisso monogâmico. Steven Rhoads destaca as pesquisas que sugerem que a atração masculina por mulheres castas pode também ter raízes evolutivas:

> Com frequência, os homens valorizam o sexo promíscuo a curto prazo, mas querem esposas fiéis. No decorrer dos séculos, os homens com companheiras fiéis tiveram mais filhos e, dessa maneira, o gosto pela fidelidade teria sido "naturalmente selecionado". Se um homem encontra uma mulher difícil de conquistar, ele sente que ela tem maior probabilidade de ser fiel depois do casamento.[15]

Desliguem seus celulares, senhoras

Uma mulher moderna deve atribuir um lugar mais importante a seu desejo por autonomia do que a seu desejo por união. Ela deve ser forte o bastante para ser independente, sem se preocupar se seu companheiro de uma noite irá ligar para ela outra vez.
– **Jennifer Roback Morse,** *Smart Sex: Finding Life-Long Love in a Hook-Up World* [Sexo inteligente: encontrando o amor de toda a vida no mundo do "ficar"]

Os benefícios do sexo sério

Para Wendy Shalit, no livro *A Return to Modesty* [Um retorno ao recato], o sexo casual realmente não tem nada de sexy. Para as mulheres que abraçam a ética de que o sexo é uma diversão sem significado nada permanece erótico. A autora resume esse tipo de atitude da seguinte maneira: *não é grande coisa.*

Por outro lado, o recato e a disciplina de reservar o sexo para o verdadeiro amor aumentam a sensação de que algo importante está acontecendo. Essa importância ampliada torna o recato mais erótico do que o boca-livre casual celebrado como liberação sexual.

---

[15] Ibid., p. 91.

As jovens massacradas pelo clima sexual vulgar e soterradas pela mensagem de que o sexo casual é uma parte importante da vida de uma mulher moderna deveriam refletir sobre algumas experiências femininas verdadeiras. Muitas mulheres se arrependem do sexo casual, não apenas de imediato, mas também anos mais tarde, quando já estão casadas ou quando enfim encontraram o amor de sua vida.

Evidentemente, como será discutido em maior detalhe no capítulo cinco, as mulheres enfrentam muito mais do que riscos emocionais quando se trata de sexo casual. Existem também riscos físicos importantes que as jovens precisam considerar antes de se entregar ao sexo casual.

Nada do que está sendo dito aqui quer dizer que todas as jovens têm de abraçar a abstinência sexual até o casamento, nem que a sociedade deve voltar aos velhos tempos de demonizar as mulheres não casadas que são sexualmente ativas. Contudo, as jovens devem reconhecer as armadilhas do sexo casual que, muitas vezes, estão escondidas em nossa cultura saturada de sexo e considerar os benefícios de levar o sexo a sério.

Aconteceu em *Friends*:

Joey: Ei, deixe-me ver se entendi bem. Ele conseguiu fazer você implorar para dormir com ele. Ele conseguiu fazer você dizer que ele nunca terá de ligar para você novamente. E fez você pensar que essa é uma grande ideia?

Phoebe: [inexpressivamente] Hã-hã...

Joey: Esse homem é Deus para mim!

Capítulo Quatro

Nem todos estão fazendo sexo

Nem todos os adolescentes são sexualmente ativos, e menos jovens adultos do que se possa imaginar estão colecionando um número significativo de parceiros sexuais. No entanto, essa não é a mensagem que você recebe da mídia. Se a televisão ou as revistas dirigidas às mulheres fossem um guia, você poderia supor que todos os adolescentes e jovens adultos estão se envolvendo com numerosos amantes. A mensagem para os pais é que não adianta tentar desestimular seus filhos adolescentes a fazer sexo; o melhor é incentivá-los a usar métodos contraceptivos para limitar os riscos de gravidez e de doenças.

Veja só!

- A televisão e o cinema, muitas vezes, dão a impressão de que uma adolescente virgem é tão rara quanto um unicórnio.
- Pesquisas revelam que muitos adolescentes têm ideias bastante conservadoras sobre o papel do sexo e a importância da virgindade.
- Os pais têm um papel importante a desempenhar na formação das atitudes dos adolescentes em relação ao sexo.

A verdade é que os pais desempenham um papel muito importante na formação das atitudes e escolhas de seus filhos em relação ao sexo. É importante que as moças (e os rapazes) saibam que nem todas as suas colegas são sexualmente ativas porque o desejo de "se ajustar" pode ter uma influência real sobre seu comportamento.

A mensagem da mídia para os jovens: *just do it!*

Hoje, a educação sexual começa no ensino fundamental em quase todo o território dos Estados Unidos. Calcinhas tipo tanga são comercializadas para as meninas a partir dos 7 anos de idade. As revistas dirigidas ao público pré-adolescente estão repletas de conselhos sobre sexo e relacionamentos. Cada vez mais, as adolescentes fazem implantes nos seios – algumas como presentes de formatura de seus pais.

Na cultura dirigida aos jovens, o sexo é quase inevitável. A televisão e o cinema, muitas vezes, fazem parecer como se uma adolescente virgem fosse tão rara quanto um unicórnio.

Um tema recorrente em *Barrados no Baile* (*Beverly Hills 90210*), uma das mais bem-sucedidas séries da televisão norte-americana na década de 1990, girava em torno da personagem Donna Martin (interpretada pela atriz Tori Spelling) – uma virgem que pretendia esperar até o casamento para iniciar sua vida sexual. Esse sentimento incrivelmente fora de moda causava um número sem-fim de problemas para Donna no mundo do *90210*, e o público esperava para ver quando esta última virgem enfim cairia na real e cederia.

A mensagem significou uma transição de clássicos sobre adolescentes da década de 1980, como *Clube dos Cinco* e *Gatinhas & Gatões*, nos quais as personagens relutam em admitir que ainda são virgens. Esses filmes são agora as atrações ou "os novos clássicos" apresentados regularmente em redes de televisão a cabo como a TNT.

Nos últimos anos, séries de televisão como *The O.C.: Um Estranho no Paraíso* e *Dawson's Creek* continuaram a apresentar tórridos casos amorosos entre adolescentes e a lamentar o destino daqueles que eram desajeitados ou sem sorte e que ainda não haviam chegado às vias de fato. O filme sucesso de bilheteria *American Pie – A Primeira Vez é Inesquecível* conta a história de quatro rapazes que tentam perder a virgindade no baile de formatura da escola. Formarem-se no colégio ainda virgens era um destino terrível demais para contemplar.

No Cinema

"Você percebe que estamos todos indo para a faculdade ainda virgens? Eles devem ter dormitórios especiais para gente como nós."
– Jim, *American Pie* (1999)

GPI

Não é apenas nos filmes e na televisão que os virgens são retratados de maneira a parecer fora de moda, assim como as camisas de babado e as ombreiras. O autor de *best-sellers* e estudante de direito de Harvard, Ben Shapiro, conta como foi ridicularizado e chamado de "O Virgem Ben". Shapiro tem escrito extensamente sobre a ultrassexualização de sua geração – que ele chama de "geração pornô" – e defende a abstinência, o que faz dele um alvo fácil. Os críticos debocham dele como se o celibato "lhe fosse imposto" e dizem que "ele nunca vai conseguir uma transa realmente boa e gostosa". Em seu livro *Porn Generation: How Social Liberalism Is Corrupting Our Future* [Geração pornô: como o liberalismo social está corrompendo nosso futuro], Shapiro observa que o ridículo que ele enfrenta é uma experiência comum para colegiais e universitários que se abstêm de sexo:

> Minha própria experiência é representativa do que muitos integrantes da geração pornô aguentam em suas próprias escolas e nos *campi* universitários todos os dias. Somos obrigados a passar por essa experiência porque, na visão distorcida dos relativistas morais obcecados por sexo, a abstinência antes do casamento é um modo de vida insano e a própria virgindade é vista como uma espécie de praga estranha. Em um mundo em que o desvio é glorificado, a pureza é o novo pecado.

Se os virgens são exóticos e reprimidos, isso é quase tão ruim para os homens como para as mulheres que não fazem sexo com regularidade. Valerie Frankel – que escreve para revistas femininas como *Mademoiselle, Redbook, Allure* e *Self* – publicou um romance, *Stacy Temple, virgem por acaso*, que narra o horror que Stacy, uma mulher de 30 e poucos anos, sente quando se dá conta de não transa há quase um ano. A protagonista diz que se você passar um ano sem fazer sexo vai ser "revirginizada" e, por isso, ela se lança em uma busca de uma semana para evitar esse triste destino. Para começar, tenta seduzir o filho de seu chefe, de 20 anos de idade, um entregador e vários outros conhecidos. Então, ela inicia um encontro lésbico com uma colega de trabalho e pensa na possibilidade de contratar um profissional para fazer o trabalho.

Stacy vive em Nova York, em um mundo glamouroso de festas sofisticadas e roupas elegantes, e sua reação diante de seu infortúnio é apresentada como perfeitamente normal: essa heroína é o retrato de uma mulher liberada que controla seu impulso sexual.

A aprovação para as mulheres sexualmente livres não é reservada apenas para os adultos e não se limita aos meios de comunicação. Algumas feministas escrevem com igual fervor sobre a liberdade sexual entre as mais jovens, incluindo as adolescentes.

Em *Listen Up: Voices from the Next Feminist Generation* [Ouçam: vozes da futura geração feminista], um livro que pretende oferecer uma voz e um fórum para jovens feministas, a ensaísta Rebecca Walker (apontada pela revista *Time* como um entre os cinquenta futuros líderes dos Estados Unidos) relata sua própria trajetória sexual, o que incluiu perder a virgindade aos 11 anos de idade. Rebecca defende a importância de uma maior aceitação da liberação sexual para as jovens (ou seja, meninas) e que o sexo deveria ser visto como uma oportunidade de crescimento pessoal, e não como uma expressão de amor por outra pessoa.

Enquanto Walker se concentra em quebrar tabus sociais contra o sexo pré-nupcial e a atividade sexual por muitos jovens, também procura mudar a visão do leitor sobre o que é normal. Por exemplo, ela tenta convencer o leitor de que conversar sobre sexualidade com uma criança de 11 anos de idade é não apenas apropriado como também um lugar-comum: "Chocante, não? Não realmente. A atividade sexual começa muito mais cedo do que muita gente pensa, e é muito mais abrangente".

Walker imagina um mundo em que ninguém pode nem deve estimular os adolescentes a se abster de relações sexuais. Ao contrário, ela sustenta que os pais devem ajudar os filhos a embarcar nessa viagem de exploração e simplesmente fornecer os métodos contraceptivos: "A questão não é se as jovens terão relações sexuais, pois isto está muito além de qualquer controle dos pais ou da sociedade. Ao contrário, a questão é: o que as jovens precisam para fazer do sexo uma atividade dinâmica, positiva, segura e prazerosa em suas vidas?".[1]

A mensagem, nesse caso, é que os pais devem apenas desistir de impor limites sexuais a suas filhas (e seus filhos) após os 11 anos de idade. Não adianta; a garotada vai transar de qualquer maneira, por isso você pode tanto oferecer-lhes a pílula como uma caixa de preservativos. Provavelmente, o melhor é preparar-se para ajudar a criar seus netos – eles podem chegar mais cedo do que você pensa.

Adolescentes e jovens: não tão sexualmente ativos como você – ou eles – possam pensar

Ao contrário da declaração de Walker, os adolescentes mostram de fato uma tendência de superestimar o quanto seus colegas são sexualmente ativos.

Em 2003, a Fundação Família Kaiser e a revista *Seventeen* pesquisaram garotos e garotas com idade entre 15 e 17 anos sobre suas experiências sexuais e suas atitudes em relação ao sexo.[2] Dos entrevistados, 32% responderam que haviam experimentado a relação sexual – incluindo 36% dos rapazes e 28% das moças. Esse

---

[1] Rhoads, p. 23.
[2] Virginity and the First Time: A Series of Surveys on Teens About Sex. The Henry J. Kaiser Family Foundation, *Seventeen Magazine*, outubro de 2003. Disponível em: http://www.seventeen.com/sexsmarts.

resultado é menor do que um levantamento concluído pelo Centro de Controle e Prevenção de Doenças dos Estados Unidos (CDC), que descobriu que 46,7% dos estudantes do ensino médio tiveram relações sexuais. Apenas 7,4% dos alunos entrevistados – e 4,2% das meninas – experimentaram o sexo antes dos 13 anos de idade.[3]

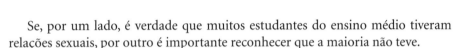

Um Livro que Não Era para Você Ler
Porn Generation: How Social Liberalism Is Corrupting Our Future, de Ben Shapiro. Washington, D.C.: Regnery Publishing, 2005.

Se, por um lado, é verdade que muitos estudantes do ensino médio tiveram relações sexuais, por outro é importante reconhecer que a maioria não teve.

A maioria dos adolescentes desconhece esse fato. Uma pesquisa realizada pela Campanha Nacional de Prevenção à Gravidez na Adolescência descobriu que os adolescentes costumam superestimar o número de seus colegas que são sexualmente ativos, sendo que dois terços das adolescentes pesquisadas concordaram com a afirmação de que "a maioria dos adolescentes de minha idade teve relações sexuais".[4]

Da mesma maneira, a pesquisa da Fundação Família Kaiser/revista *Seventeen* revelou que um em cada três adolescentes superestimou a porcentagem de estudantes do ensino médio que eram sexualmente ativos, enquanto um em cada quatro subestimou esse número. A percepção das meninas se mostrou mais distorcida do que a dos meninos: elas foram duas vezes mais propensas tanto a superestimar como a subestimar a porcentagem de adolescentes com vida sexual ativa.[5]

Estudantes sexualmente ativos se mostraram ainda mais propensos a superestimar o número de seus colegas que eram sexualmente experientes: 56% disseram que *80%* de seus colegas tinham vida sexual ativa. Esse é um importante erro de percepção, se você considerar que a estimativa do CDC de que apenas menos da metade dos adolescentes são ativos sexualmente em geral é precisa. Apenas 10% dos adolescentes sexualmente ativos subestimaram o nível de atividade sexual.

---

[3] Youth Risk Behavior Surveillance — United States, 2003. *Morbidity and Mortality Weekly Report*, Surveillance Summaries, Department of Health and Human Services, Centers for Disease Control and Prevention, vol. 53, no. SS-2, p. 18. Disponível em: http://www.cdc.gov/mmwr/PDF/ss/ss5302.pdf.

[4] With One Voice 2003: America's Adults and Teens Sound Off About Teen Pregnancy, p. 3.

[5] Virginity and the First Time: A Series of Surveys on Teens About Sex.

Isso é muito importante, porque a percepção dos adolescentes do que é "normal" influencia suas decisões. Sessenta e dois por cento dos adolescentes sexualmente ativos que foram pesquisados pela revista *Seventeen* acreditavam que "muitos de seus amigos já tinham feito sexo" e isso influenciou sua decisão de transar.[6]

É do mesmo modo importante que os adolescentes saibam que, ao contrário do que veem na televisão e no cinema, poucos de seus amigos – e bem poucos jovens na faixa dos 20 anos – estão colecionando inúmeros parceiros sexuais. Apenas 11% das alunas do ensino médio pesquisadas pelo CDC relataram ter tido quatro ou mais parceiros sexuais.[7] Esse número pode ser alto, mas ainda representa uma pequena minoria de adolescentes.

"Livrando-se" de Sua Virgindade – A História de uma Jovem Mulher

É um grande evento – perder sua virgindade deveria ser alguma coisa que você faz quando está apaixonada, deveria ser algo especial, e a sociedade criou esse estigma em torno disso, mas você fala com todo o mundo e ninguém perdeu a virgindade dessa maneira perfeita, do tipo com flores e velas. Para todos, foi uma droga. As pessoas estavam bêbadas, elas não disseram ao cara que eram virgens, não foi perfeito para ninguém. Então, eu comecei a pensar sobre isso cada vez mais e mais, até que concluí: "Meu Deus, eu só quero acabar logo com isso e não ter de me preocupar mais com esse assunto". Assim, quando estava em casa no recesso da primavera [...] fiquei com esse cara que eu já conhecia e pedi a ele para tirar minha virgindade, e foi assim.

[Agora] eu me sinto estranhamente vazia em relação a isso, não há emoção. É libertador porque não tenho de me preocupar com isso [...] pelo menos ele sabia que eu era virgem [...] Também não estava bêbada, outro ponto positivo. Lembro-me daquele momento [...] eu pensei nele um bom tempo [...] Seria realmente bom ter uma flor e velas para perder a virgindade, seria realmente muito bom estar apaixonada – nunca me apaixonei –, isso seria fantástico, tenho inveja daqueles que conseguiram experimentar essa emoção, mas apenas me sinto só um pouco satisfeita [...] porém, não como se eu estivesse perdendo alguma coisa que todo o mundo consegue.

– **Universitária de 20 anos**, entrevistada pela autora

---

[6] Ibid.
[7] Youth Risk Behavior Surveillance — United States, 2003, p. 18.

Um estudo sobre jovens sexualmente ativos na faixa dos 20 anos revelou que apenas 31% dos homens e 20% das mulheres tiveram mais do que um parceiro sexual no ano anterior.[8]

Além disso, uma pesquisa de 1997 com universitários trouxe à tona alguns dados bastante preocupantes: mais ou menos metade dos estudantes teve um encontro de uma noite, 43% haviam traído um parceiro estável e 36% tiveram relações sexuais com alguém de quem não gostavam. Esses números não são muito animadores, mas podem ser vistos da perspectiva de um "copo meio cheio": mais de metade dos estudantes universitários *não tiveram* um encontro de apenas uma noite. Isso sugere que a imagem veiculada na televisão e no cinema – de mulheres e homens trocando de parceiros sexuais tão rápido como trocam de roupa – não reflete a realidade para a maioria das mulheres ou dos homens.

Os adolescentes que querem imitar seus colegas também deveriam considerar que muitos de seus amigos que são sexualmente ativos pensam que cometeram um erro. Como discutimos no último capítulo, as meninas adolescentes que se tornaram sexualmente ativas gostariam muitíssimo de ter esperado até serem mais velhas.

Mais alarmante ainda é o número de meninas que admitem uma relação sexual indesejada. Entre as adolescentes com idades entre 15 e 19 anos que já fizeram sexo, 24% descreveram sua primeira vez como "voluntário e indesejado" e 7% como "involuntário". Portanto, as adolescentes que procuram "se ajustar" não apenas deveriam ajustar sua percepção sobre o número de suas colegas que são sexualmente ativas como também considerar o fato de que mais do que três em cada dez adolescentes sexualmente ativas não desejavam ou não tiveram relações sexuais por vontade própria.

A maioria dos adolescentes acredita que ser virgem é uma coisa positiva

Pesquisas mostram que muitos adolescentes, mesmo aqueles que são sexualmente ativos, têm ideias bastante conservadoras sobre o papel do sexo e a importância da virgindade. Noventa e cinco por cento das meninas e 89% dos meninos concordam com a seguinte afirmação: "Acredito que ser virgem é uma coisa boa na escola". Quando perguntados sobre "com que idade você acha bom perder a virgindade?", a maioria respondeu com "18 anos ou mais".

Além disso, um em cada quatro *espontaneamente* afirmou que a virgindade deveria ser mantida até o casamento. Mais de um terço dos adolescentes que ain-

---

[8] Facts in Brief: Sexual and Reproductive Health: Women and Men. Alan Guttmacher Institute. Disponível em: http://www.guttmacher.org/pubs/fb_10-02.html.

da não haviam experimentado uma relação sexual planejava esperar até se casar, enquanto outros quatro em cada dez pretendiam esperar por um relacionamento sério. Mesmo entre aqueles que se tornaram sexualmente ativos antes dos 18 anos, 17% afirmaram que o casamento é o momento apropriado para começar a vida sexual, e a maioria acreditava que era melhor ter mais de 18 anos ou estar casado.[9]

Considerando esses dados, é triste ver que as mulheres se sentem pressionadas a se tornar sexualmente ativas para evitar o estigma associado a ser "virgem". Uma jovem entrevistada para este livro descreveu o fardo em que sua virgindade se tornou e como resolveu "se livrar" dela. Ela enfatizou que estava feliz de maneira geral com sua decisão, mas parecia procurar convencer a si mesma de que não deveria estar decepcionada porque faltou o romance que claramente ela desejava.

Os pais têm um papel importante a desempenhar

A principal conclusão da pesquisa realizada pela Campanha Nacional de Prevenção à Gravidez na Adolescência é que os pais têm um papel importante a desempenhar na formação das atitudes dos adolescentes em relação ao sexo.

Os pais tendem a minimizar sua própria importância em influenciar as atitudes de seus filhos: quase metade (45%) dos adolescentes classificaram os pais como os mais influentes em suas decisões sobre sexo – o que os tornou mais influentes do que qualquer outro grupo. Apenas três em cada dez adolescentes (31%) disseram que seus amigos eram mais influentes, seguidos pelos líderes religiosos (7%), professores e educadores sexuais (6%) e os meios de comunicação (4%).

Poucos pais reconhecem como suas opiniões são importantes para seus filhos. Quase metade (48%) acreditava que os amigos de seus filhos tinham a maior influência, enquanto apenas três em dez (32%) achavam que os pais tinham o maior impacto sobre os filhos.[10]

Conclusão

Saber que não estão sozinhos em nunca terem iniciado sua vida sexual pode ajudar a evitar que os jovens, homens e mulheres, se sintam marginalizados porque são virgens. Pode, ainda, estimular alguns adolescentes e jovens adultos a adiar o sexo e a torná-los mais seguros em relação a sua decisão de se abster, uma vez que existem riscos físicos e emocionais consideráveis, sobretudo para as mulheres, no caso de se envolverem com o sexo casual.

---

[9] Virginity and the First Time: A Series of Surveys on Teens About Sex.
[10] With One Voice 2003: America's Adults and Teens Sound Off About Teen Pregnancy. National Campaign to Prevent Teen Pregnancy, dezembro de 2003, p. 2. Disponível em: http://www.teenpregnancy.org/resources/data/pdf/wov2003.pdf.

Capítulo Cinco

Os riscos do sexo seguro

Nos Estados Unidos, a educação sexual para as crianças pode começar bem cedo, já na escola fundamental. Além de ensinar sobre os pássaros e as abelhas, as aulas de educação sexual instruem os alunos sobre os muitos benefícios da contracepção. Os adolescentes são estimulados a praticar sexo seguro, assim que chegar a hora, sobretudo pelo uso de preservativos. Essa mensagem ocorre também nos *campi* das universidades e nos meios de comunicação dirigidos aos jovens na faixa dos 20 anos: os preservativos são a maneira responsável de evitar as indesejáveis consequências do sexo casual.

Veja só!

- Cursos liberais de educação sexual omitem informações importantes.
- As jovens, liberadas do medo da gravidez indesejada devido à contracepção, podem manter uma atividade sexual maior, o que pode levar a doenças sexualmente transmissíveis.
- Ao mesmo tempo que reduzem muitos riscos para a saúde, os preservativos são de utilidade limitada na proteção contra várias doenças sexualmente transmissíveis que representam grande preocupação para as mulheres.

É certo que os preservativos são uma ferramenta útil para reduzir o risco de gravidez indesejada e de doenças sexualmente transmissíveis (DSTs), mas não são um dispositivo completamente seguro. Existem muitas doenças sexualmente transmissíveis cuja disseminação os preservativos, mesmo quando utilizados de maneira adequada, nem sempre conseguem evitar.

A falibilidade dos preservativos ajuda a explicar por que, mesmo com o aumento da conscientização sobre o potencial das DSTs e o aumento do uso de contraceptivos, a prevalência de contaminação entre adolescentes e jovens adultos tem continuado a subir. As mulheres jovens são particularmente suscetíveis a contrair e manter sequelas duradouras decorrentes de doenças sexualmente transmissíveis.

As jovens precisam saber que os preservativos não são infalíveis em prevenir a propagação de DSTs. Alguns profissionais da saúde são reticentes em dar essa informação aos jovens porque temem que eles deixem de usar qualquer proteção, mas todos os jovens merecem saber a verdade sobre uma questão fundamental para sua saúde.

Educação sexual – mais do que pássaros e abelhas

A maioria dos pais espera que a educação sexual ofereça aos adolescentes os fatos básicos sobre reprodução e contracepção. Na verdade, os cursos de educação sexual hoje, muitas vezes, servem como fóruns para instilar nos estudantes a moral liberal e uma visão do mundo feminista.

Um bom exemplo disso é o Conselho de Educação e Informação Sexual dos Estados Unidos (conhecido por sua sigla em inglês Siecus), uma organização nacional que recebe financiamento dos contribuintes norte-americanos por meio do Centro de Controle e Prevenção de Doenças (CDC). O Siecus defende muito mais do que apenas uma ampla educação sexual; também luta pelo direito ao aborto e por "justiça social".

O Projeto de Saúde Escolar do Siecus é planejado para ajudar as secretarias estaduais e municipais de saúde e de educação a oferecer uma "educação de alta qualidade e culturalmente adequada, concebida para prevenir o HIV, as DSTs e a gravidez indesejada entre os adolescentes". Além de oferecer seminários de formação para educadores, criar materiais para serem distribuídos aos adolescentes e atingir grupos comunitários, o Siecus desenvolve diretrizes para o que deve ser ensinado na educação sexual desde o jardim da infância até o ensino médio.

As "Diretrizes para a Educação Sexual" do Siecus propõem educar os alunos a partir de seis conceitos básicos: desenvolvimento humano, relacionamentos, competências pessoais, comportamento sexual, saúde sexual e sociedade e cultura. A proposta divide as informações que o Conselho acredita serem apropriadas para os estudantes de acordo com a idade.

Entre as informações sobre desenvolvimento consideradas adequadas para crianças dos 5 aos 8 anos de idade estão: "tanto meninos como meninas têm partes do corpo que causam uma sensação boa quando tocadas"; "a maneira mais comum de um espermatozoide e um óvulo se unirem é quando o pênis é colocado dentro da vagina"; e "tocar e esfregar os próprios genitais para se sentir bem é chamado de masturbação". No nível dois – destinado às crianças entre 9 e 12 anos de idade – os alunos aprendem sobre bissexualidade e aborto.

Alguns pais, ao lerem esses conteúdos, podem acreditar que essas informações são adequadas para crianças dessa faixa etária; no entanto, muitos pais estão horrorizados. Como resultado de pontos de vista conflitantes sobre o que as crianças devem ou não aprender sobre sexo na escola, o conteúdo dos cursos de educação sexual tornou-se um campo de batalha político. Os conservadores tentaram mudar o diálogo em muitas escolas públicas para que se deixasse a ênfase sobre a contracepção em favor da ênfase na abstinência. Os defensores da educação pró-abstinência acreditam que a educação sexual estimula mais a experimentação sexual. Aqueles, como o Siecus, que se opõem à educação dirigida à abstinência afirmam que essa prática deixa os alunos ignorantes sobre como se proteger e mais inclinados a adotar comportamentos de risco.

O movimento pela abstinência tem sido objeto de muito deboche por parte dos grupos liberais. Em julho de 2005, o braço do grupo pelo direito ao aborto, NARAL Pro-Choice America (movimento pró-escolha), no estado de Washington realizou a "Festa do Dane-se a Abstinência". De acordo com o convite dessa organização destinada a levantar fundos, o entretenimento dos convidados esteve a cargo do "Pork Filled Players – o grupo teatral de comédia mais apimentado de Seattle, que apresenta uma aula de educação sexual para adultos"; e ainda "Toys in Babeland, de Seattle – fornecedor de brinquedos de adultos para o sexo saudável e sem vulgaridade que oferece dicas sobre 'Sexo Sexy e Mais Seguro'".

A Atitude Politicamente Correta em Relação ao Sexo

"Desde que eu esteja segura, qual o problema?"
– Escritora feminista, **Anastasia Higginbotham**, em um ensaio em *Listen Up: Voices from the Next Feminist Generation*

GPI

Ridicularizar a abstinência é politicamente correto, mas isso não nos diz nada sobre sua eficiência. Alguns estudos sugerem que programas de abstinência são muito bem-sucedidos em estimular os estudantes a se privar de relações sexuais e em diminuir a incidência de doenças sexualmente transmissíveis e da gravidez indesejada.[1] Outra pesquisa critica o conteúdo dos programas de abstinência, afirmando que eles usam estatísticas alarmistas sobre a taxa de falha dos preservativos e a prevalência das DSTs para assustar os adolescentes e induzi-los a se abster do sexo.[2]

Esse debate sobre o que deve ser ensinado nas aulas de educação sexual nas escolas públicas ilustra por que precisamos de livre escolha da escola ou de políticas que ofereçam aos pais mais opções e um maior controle sobre qual instituição de ensino seus filhos irão frequentar. A solução para a educação sexual não teria de ser única para todos se os pais tivessem a liberdade de escolher uma escola para seu filho que refletisse suas convicções pessoais; em vez disso, os pais estão presos a suas escolas públicas locais.

Independentemente dos resultados desse debate, todos devem concordar que é importante para os adolescentes tomar consciência da possibilidade de contrair uma DST e das limitações dos preservativos na prevenção de sua propagação. Os materiais do Siecus abordam extensamente vários métodos de contracepção. Como parte dos ensinamentos sob o tópico "contracepção", os estudantes do nível três (dos 12 aos 15 anos de idade) devem aprender que:

- Alguns métodos de contracepção, como o coito interrompido, não são tão eficientes como outros.
- Alguns métodos de contracepção, como os preservativos, também podem prevenir a transmissão de DST/HIV.
- Os métodos de contracepção mais eficazes, como a pílula, a injeção e os adesivos, não ajudam a prevenir a transmissão de DST/HIV.
- Os casais que desejam reduzir o risco tanto de gravidez como de DST/HIV precisam usar preservativos masculinos ou femininos com outro método de contracepção eficiente.
- Qualquer método de contracepção, para ser eficaz na prevenção da gravidez e de DST/HIV, deve ser usado de maneira consistente e correta.

Esses estudantes também aprendem, como parte do tópico "doenças sexualmente transmissíveis", que "o uso adequado dos preservativos de látex com lubrificantes à base de água, pode reduzir muito, mas não eliminar, as chances de contrair uma DST".

---

[1] RECTOR, Robert. The effectiveness of abstinence education programs in reducing sexual activity among youth. *Heritage Foundation Backgrounder*, n. 1.533, 5 de abril de 2002.
[2] The Content of Federally Funded Abstinence-Only Education Programs. Prepared for Rep. Henry Waxman, U.S. House of Representatives Committee on Government Reform, dezembro de 2004.

Esses materiais deixam de fora muitas informações importantes para os estudantes. O Siecus recomenda discussões minuciosas entre os estudantes sobre o importante e saudável papel que a sexualidade representa na vida das pessoas, a necessidade de aceitar e compreender as opções de vida feitas pelos outros e a importância de criar seus próprios valores. Os limites de nossa capacidade de prevenir a propagação das DSTs, algumas das quais podem ter consequências duradouras para a saúde desses estudantes, merecem a mesma ênfase, se não mais.

Pelo menos as aulas formais de educação sexual, com frequência, reconhecem que os preservativos são um método imperfeito de prevenir as doenças. O resto da mídia e da cultura dirigidas aos jovens deixa essa informação totalmente de fora, celebrando o sexo, desde que ele seja feito "com responsabilidade".

Sexo seguro não significa apenas sexo com preservativo!

A ideia de que o sexo não tem custo desde que seja "seguro" é um dogma sagrado em muitos *campi* universitários – sendo que "seguro" é, em geral, definido como sexo com preservativo. Os preservativos são patrocinados em universidades (e em escolas de nível médio) dos Estados Unidos, e os centros de saúde e as associações estudantis, às vezes, distribuem as camisinhas gratuitamente.[3]

Uma jovem escritora feminista resumiu os sentimentos de muitas pessoas sobre a importância do sexo "seguro". Ela comemora sua rejeição das proibições culturais que envolvem a promiscuidade feminina, minimizando quaisquer riscos físicos desde que pratique sexo "seguro": "A única outra razão que poderia me impedir de abraçar minha identidade bissexual é a suposição de que eu poderia ser fácil. Não tenho poder sobre isso. Eu sou fácil. Porém, desde que eu esteja segura, qual o problema?".[4]

As revistas femininas também contribuem para a desinformação generalizada de que o sexo casual é seguro, desde que se usem os preservativos. *Marie Claire* publicou um artigo sobre um grupo de indivíduos que praticam sexo anônimo, em que se comenta como os participantes estão "se expondo à ameaça das DSTs", destacando como muitos deixam de usar preservativos nessas ocasiões.[5]

---

[3] Por exemplo, uma estagiária do Independent Women's Forum, em visita aos *campi* de algumas universidades durante o outono de 2004, constatou que os preservativos eram distribuídos gratuitamente por organizações estudantis. Outro exemplo foi encontrado na Universidade George Washington, onde um pôster anunciava: "Participe das VFC (Voices for Choice [Vozes pela Escolha]) e ganhe preservativos grátis e amigos pró-escolha".

[4] HIGGINBOTHAM, Anastasia. Chicks goin' at it. In: FINDLEN, Barbara, ed. *Listen up: voices from the next feminist generation*. Emeryville, CA: Seal Press, 2001, p. 17.

[5] WHITE, Jane. Are you ready for dogging? *Marie Claire*, maio de 2005. p. 103.

Em duas entrevistas com os adeptos do sexo anônimo, ambos se orgulham de usar preservativos durante seus encontros. Um homem se vangloria: "Sempre tenho camisinhas comigo – e insisto em usá-las". Uma mulher explica: "Houve noites em que transei com dez pessoas. Mas sempre usei camisinha".[6] Os preservativos são apresentados como se fossem um salvo-conduto contra as DSTs. Como se, pelo simples fato de usarem preservativos, suas ações fossem, de alguma maneira, responsáveis.

> **Um Livro que Não Era para Você Ler**
> *Epidemic: How Teen Sex Is Killing Our Kids* [Epidemia: como o sexo na adolescência está matando os nossos filhos], de Meg Meeker. Washington, D.C.: LifeLine Press, 2002.

Evidente que é *preferível* que os participantes desse grupo usem preservativos, mas o mito politicamente correto de que os preservativos eliminam os riscos do sexo casual é apenas isso: um mito.

A vulnerabilidade biológica feminina

A mais bem conhecida vulnerabilidade que as mulheres enfrentam nas relações sexuais é gravidez indesejada. E, muito embora as taxas de gravidez na adolescência tenham diminuído, muitas mulheres continuam a engravidar antes de estarem prontas.

De acordo com a Campanha Nacional de Prevenção à Gravidez na Adolescência, uma em cada três mulheres engravidam pelo menos uma vez antes dos 20 anos de idade.[7] Cerca de oito em cada dez gestações em adolescentes acontecem de maneira não planejada e fora do casamento.[8] Cerca de 30% dessas gestações terminam em aborto, o que indica que mais de 250 mil adolescentes interrompem a gravidez todos os anos.[9] Independentemente da posição de cada um sobre a le-

---

[6] Ibid., p. 104.

[7] Factsheet: how is the 34% statistic calculated? National Campaign to Prevent Teen Pregnancy, Washington, D.C., 2004. Disponível em: http://www.teenpregnancy.org/resources/reading/pdf/35percent.pdf.

[8] Not just another single issue: teen pregnancy prevention's link to other critical social issues. The National Campaign to Prevent Teen Pregnancy, fevereiro de 2002, p. 2. Disponível em: http://www.teenpregnancy.org/resources/data/pdf/notjust.pdf.

[9] Ibid.

galidade do aborto, parece razoável supor que nenhuma mulher *deseja* passar por essa experiência e, portanto, esses números são motivo de preocupação.

Embora altos, esses dados são, em certo sentido, uma boa notícia. As taxas de gravidez na adolescência têm diminuído consideravelmente desde 1990 – um fato comemorado por muitos políticos e profissionais da saúde. Diversos especialistas atribuem grande parte dessa queda nos índices ao maior uso de contraceptivos.

Entretanto, mesmo que a taxa de gravidez indesejada tenha caído cerca de 30% desde seu pico em 1990, o número de infecções por DSTs continua a subir. Todos os anos, cerca de 10 milhões de pessoas na faixa dos 15 aos 24 anos de idade contraem uma DST, o que significa que, entre aquelas que são sexualmente ativas, cerca de uma em cada três irá contrair uma DST antes dos 24 anos.[10]

Por exemplo, a taxa de infecção por herpes genital aumentou 30% desde 1970, sendo que o maior aumento ocorreu em adolescentes. De acordo com o CDC, 45 milhões de norte-americanos com mais de 12 anos de idade – ou um em cada cinco da população total de adolescentes e adultos – estão infectados com o herpes genital e podem esperar por uma vida de surtos periódicos de úlceras na região dos órgãos genitais.[11]

O papilomavírus humano (HPV) tem recebido uma crescente atenção nos últimos anos devido à correlação do vírus com o câncer de colo do útero. HPV é o nome de uma série de mais de cem vírus diferentes, dos quais apenas alguns são transmissíveis sexualmente. A maioria desses vírus não é associada a nenhum sintoma e desaparece sozinha. Outros causam verrugas genitais que são tratáveis. Contudo, alguns tipos de HPV podem trazer graves consequências, como causar câncer, sobretudo o de colo do útero, nas mulheres. O CDC estima que cerca de metade de toda a população sexualmente ativa irá adquirir a infecção por HPV durante sua vida.

A infecção por clamídia é a DST mais comum, sendo que sua incidência subiu vertiginosamente nos últimos vinte anos. O CDC adverte, porém, que essa taxa elevada de casos diagnosticados, em parte, talvez seja uma boa notícia, já que esse aumento pode ser atribuído a uma melhor triagem e a mais tratamento, e não apenas a um simples aumento na taxa de infecção. Diagnosticar a clamídia é especialmente importante, pois, quando não tratada – uma vez que ainda esteja

---

[10] It's your (sex) life: your guide to safe and responsible sex. Henry J. Kaiser Family Foundation, 18 de agosto de 2005. Disponível em: http://www.kff.org/youthhivstds/upload/MTV_Think_IYSL_Booklet.pdf.

[11] Genital herpes. Health Matters, National Institute for Allergy and Infections Diseases, National Institute of Health, Department of Health and Human Services, setembro de 2003. Disponível em: http://www.niaid.nih.gov/factsheets/stdherp.htm.

em sua fase tratável por antibióticos –, pode evoluir para uma inflamação pélvica causando infertilidade e outras complicações.[12]

Independentemente do fato de as taxas de infecção terem subido ou sempre permanecido assim altas, essa doença afeta muitas jovens hoje. Na verdade, a clamídia é mais comum entre as mulheres na faixa dos 15 aos 24 anos de idade: em 2003, 2,5% das moças nessa faixa etária foram diagnosticadas com clamídia.

A verdade é que "as DSTs não são neutras em relação ao gênero"; as mulheres são muito mais propensas do que os homens heterossexuais a contrair uma DST.[13] Uma mulher é oito vezes mais propensa a adquirir o HIV e quatro vezes mais propensa a contrair gonorreia em uma relação sexual do que um homem. As mulheres também são mais suscetíveis a ter sequelas permanentes causadas por doenças sexualmente transmissíveis, como infertilidade e câncer. No entanto, apenas um terço das mulheres tem consciência de sua maior vulnerabilidade para contrair uma DST.[14]

Lógico que as doenças sexualmente transmissíveis trazem mais do que apenas consequências físicas. Elas também podem causar problemas emocionais sérios, em especial para os jovens. A doutora Meg Meeker, autora do livro *Epidemic: How Teen Sex Is Killing Our Kids* [Epidemia: como o sexo na adolescência está matando nossos filhos], relata como todos os pacientes diagnosticados com herpes, doença que permanece para toda a vida, experimentam uma sensação de perda e sofrimento, mas enfatiza que o diagnóstico é particularmente desastroso para os já inseguros adolescentes, muitas vezes levando à depressão e à perda da autoestima.[15]

O sexo seguro está tornando os jovens menos seguros?

Alguns pesquisadores acreditam que uma maior consciência e a disponibilidade de contraceptivos têm impulsionado o aumento das doenças sexualmente transmissíveis. As jovens, libertadas do medo do resultado negativo mais imediato de uma relação sexual – a gravidez indesejada –, podem manter uma atividade sexual maior, levando ao aumento das DSTs. A doutora Meeker resume, assim, essa relação: "Os métodos contraceptivos que fizeram a taxa de natalidade na adolescência cair também fizeram o sexo casual mais fácil do que nunca, o que contribuiu para que a taxa de DST, ao mesmo tempo, disparasse".[16]

---

[12] Chlamydia. STD Surveillance 2003, Center for Disease Control, Department of Health and Human Services. Disponível em: http://www.cdc.gov/std/stats/chlamydia.htm.

[13] Rhoads, p. 108.

[14] Ibid.

[15] MEEKER, Meg. *Epidemic: how teen sex is killing our kids*. Washington, D.C.: LifeLine Press, 2002. p. 44.

[16] EBERSTADT, Mary. *Home-alone America: the hidden toll of day care, behavioral drugs, and other parent substitutes*. New York: Sentinel, 2004. p. 131.

Além disso, uma vez que um adolescente faz sexo, torna-se muito mais fácil fazer de novo. Como consequência, os adolescentes acabam se envolvendo com mais parceiros e assumindo mais comportamentos de risco. Assim, quanto mais jovem uma garota se torna sexualmente ativa, mais propensa torna-se a ter inúmeros parceiros, e maiores são suas chances de contrair uma DST.

> **Prescrição: Conselho de uma médica**
>
> Vinte anos atrás, eu não teria hesitado em prescrever contraceptivos orais para as jovens adolescentes. Na verdade, qualquer forma de controle da natalidade era ótima para mim, desde que a paciente usasse de maneira sistemática. Como jovem médica contagiada pela mensagem do sexo "seguro", eu não conhecia nada melhor. [...]
> Porém, hoje penso muito para prescrever métodos anticoncepcionais como pílulas ou injetáveis para as muito jovens, porque esses anticoncepcionais as colocam em sério perigo de contrair uma DST. Ao prescrever a uma garota um método contraceptivo que sei que irá protegê-la da gravidez estou inadvertidamente estimulando-a a pegar uma doença sexualmente transmissível?
> E se você perguntar: "E os preservativos?". Colocamos demasiada confiança nesses finos dispositivos de látex e de pele de carneiro. Na maioria dos casos, as chances dos preservativos na prevenção das DSTs são quase tão frágeis quanto eles.
> – **Dr. Meg Meeker**, pediatra e autora de *Epidemic: How Teen Sex Is Killing Our Kids*

As limitações dos preservativos

Ao mesmo tempo que reduzem os riscos de transmissão de muitas doenças sexualmente transmissíveis, os preservativos são de utilidade limitada na proteção contra várias DSTs que representam grande preocupação para as mulheres. Um estudo de 2001 do Instituto Nacional de Alergias e Doenças Infecciosas dos Estados Unidos revelou que os preservativos não reduziram a probabilidade de se contrair o HPV.[17] O CDC faz uma observação sobre as limitações dos preservativos

---

[17] Workshop Summary: Scientific Evidence of Condom Effectiveness for Sexually Transmitted Disease (STD) Prevention. National Institute of Allergy and Infectious Diseases, National Institutes of Health, Department of Health and Human Services, 20 de julho de 2001. p. 26.

na prevenção da disseminação de úlceras genitais, caso das doenças como herpes genital e sífilis, considerando que as infecções podem estar presentes na pele não protegida por um preservativo.[18] Por outro lado, os preservativos são mais eficientes na prevenção do HIV/AIDS, reduzindo a probabilidade de transmissão em cerca de 85% por relação sexual – nada mal, talvez, mas longe de ser perfeitamente "seguro".[19]

Os preservativos reduzem a disseminação de doenças apenas quando usados de maneira consistente e eficaz. Porém, infelizmente, os adolescentes tendem a usar os preservativos de vez em quando. Um estudo de 1997 com alunas do ensino médio descobriu que apenas cerca de metade delas havia usado um preservativo em sua última relação sexual.[20] Uma vez que as adolescentes se envolvem em um relacionamento sexual, mostram-se mais propensas a se tornar negligentes com o uso do preservativo. Elas tiveram relações sexuais sem engravidar e sem contrair uma DST (pelo menos que elas saibam); assim, tornam-se menos preocupadas com as possíveis consequências do sexo e mais propensas a assumir riscos.[21] Essa é uma possível explicação para a descoberta de que as adolescentes mais velhas (de 18 e 19 anos de idade) foram menos propensas a usar preservativos do que as mais jovens (com idades entre 15 e 17 anos).[22]

Sem dúvida, é muito melhor reduzir o risco de transmissão dessas doenças do que não tomar nenhuma precaução, por isso é importante que jovens sexualmente ativas usem preservativos. Entretanto, afirmações como "desde que eu esteja segura, qual o problema?"[23] irresponsavelmente dá a entender que o sexo é apenas outra atividade recreativa livre de preocupações, desde que sejam tomadas as devidas precauções. As jovens merecem conhecer os fatos sobre as limitações dos preservativos para que não assumam riscos involuntários em relação a sua saúde.

---

[18] Male Latex Condoms and Sexually Transmitted Diseases. Fact Sheet for Public Health Personnel, National Center for HIV, STD and TB Prevention, Center for Disease Control, Department of Health and Human Services. Disponível em: http://www.cdc.gov/hiv/pubs/facts/condoms.htm.

[19] Workshop Summary: Scientific Evidence of Condom Effectiveness for Sexually Transmitted Disease (STD) Prevention. p. 14.

[20] Meeker, p. 99.

[21] Ibid., p. 113.

[22] Ibid., p. 116.

[23] Higginbotham, p. 17.

Capítulo Seis

Os homens não são os inimigos

A violência contra as mulheres – quer seja a violência doméstica, o estupro ou outras formas de agressão – é um problema significativo em todos os países. Todas as mulheres precisam se educar e tomar precauções para reduzir o risco de ser uma vítima da violência.

Veja só!

- As mulheres devem conhecer os verdadeiros fatos sobre a prevalência da violência em nossa sociedade, e não as estatísticas exageradas que as feministas, com frequência, repetem.
- As feministas misturaram sozinhas a verdadeira experiência da agressão com a mera possibilidade de violência.
- Ao equiparar todos os homens com uma pequena minoria de criminosos, dá-se a impressão de que o problema da violência contra as mulheres é assustadoramente grande.

As mulheres também devem reconhecer que esses acontecimentos são aberrações, completamente incompatíveis com relacionamentos saudáveis. No entanto, essa não é, muitas vezes, a mensagem que as feministas e os meios de comunicação transmitem às jovens. Com frequência, as feministas sugerem que os homens, *em geral*, são perigosos para a saúde da mulher e que a violência contra as mulheres é inescapável. A própria heterossexualidade é descrita como carregada de perigo, tanto emocional como fisicamente, para as mulheres.

As mulheres devem conhecer os verdadeiros fatos sobre a prevalência da violência em nossa sociedade, e não as estatísticas exageradas que as feministas, com frequência, repetem para sugerir que a violência contra nós é inevitável. Embora muitas mulheres ainda sejam vítimas da violência, as taxas de criminalidade, na verdade, caíram consideravelmente na última década. Também é importante lembrar que a violência afeta ambos os sexos. Na realidade, os homens têm muito mais probabilidade de serem vítimas de crimes violentos do que as mulheres.

A compreensão baseada em fatos sobre a prevalência da violência é a melhor ferramenta que as mulheres possuem de proteger a si mesmas e a suas famílias.

Perigo: há homens entre nós

Os estudos acadêmicos sobre mulheres, muitas vezes, retratam a mulher como se estivesse sob o assédio da sociedade norte-americana. O livro *Issues in Feminism: An Introduction to Women's Studies* [Questões sobre feminismo: uma introdução aos estudos da mulher] descreve o relacionamento das mulheres com os homens nestes termos secos:

> As feministas, em geral, concordam: as mulheres são vítimas da violência masculina. Essa violência é parte integrante do sistema baseado no gênero; ela é amplamente aprovada e reforçada pelas instituições sociais – os tribunais, os meios de comunicação, o sistema econômico, as religiões, entre outras; ela tem uma agenda, um objetivo: o controle das mulheres pelos homens por meio do medo.[1]

Nessa perspectiva, os relacionamentos das mulheres com os homens são determinados pela ameaça da violência. As mulheres vivem com medo dos homens "predadores" e "onipresentes" e, dessa maneira, devem procurar a proteção de outros homens. É a configuração perfeita para manter as mulheres completamente subservientes – pelo menos do ponto de vista de uma feminista radical.

Somos todos vítimas da violência

As feministas misturaram sozinhas a verdadeira experiência da agressão com a mera possibilidade de violência. É sob esse raciocínio que todas as mulheres somos vítimas, mesmo que jamais tenhamos sofrido um ataque.

---

[1] RUTH, Shelia. *Issues in feminism: an introduction to women's studies*. 4ª ed. Mountain View, Califórnia: Mayfield Publishing Company, 1998, p. 256.

Considere a seguinte passagem escrita por outra jovem feminista e publicada na coletânea *Listen Up*, na qual ela descreve sua reação ao ver *Acusados*. Nesse filme de 1988, a personagem feminina, interpretada pela atriz norte-americana Jody Foster, é estuprada por vários homens e, então, enfrenta uma tortuosa batalha no tribunal, durante a qual ela é acusada de ter "pedido por isso" por estar vestida de maneira provocativa e bebendo em um bar:

> Lembro-me de uma ocasião em que meus amigos e eu decidimos assistir a *Acusados*. [...] Deixei o cinema na semana seguinte em lágrimas, completamente traumatizada (marcada, na verdade). Passei os dois dias seguintes exatamente na mesma condição, chorando por aquela mulher, chorando por mim mesma, convencida de que era inevitável que eu me encontrasse imobilizada sobre uma mesa por estupradores perversos. Meu medo de estupro e de homens culminou em pesadelos frequentes sobre incesto, assassinato e, lógico, mais estupros. O problema não se devia a eu ter sofrido abusos na infância ou má sorte, porque não sofri. [...] O problema se devia tão só ao fato de eu ter nascido mulher em uma sociedade que desvaloriza as mulheres e as meninas. Simples assim.[2]

Essa é a imagem dos homens refletida no filme feminista do mais alto grau *Thelma e Louise*. Cada homem que as heroínas encontram exemplifica um aspecto diferente dos abusos que as mulheres sofrem nas mãos dos homens: um estuprador ataca Thelma, após ela ter dançado com ele; o marido infiel e dominador de Thelma procura controlar cada movimento dela; um homem aparentemente atraente (bem, completamente atraente, na medida em que ele é interpretado pelo então jovem ator Brad Pitt, mas ele inicialmente aparece como um bom sujeito também) seduz Thelma, mas acaba roubando todo o dinheiro dela após terem dormido juntos; o namorado de Louise explode em um ataque de violência, mesmo enquanto se prepara para pedi-la em casamento; um rude motorista de caminhão assedia com insistência as mulheres durante sua viagem; e até mesmo o detetive de polícia que aparece como um potencial protetor/salvador ri com o marido de Thelma e com os outros policiais amantes de pornografia, e, por fim, é incapaz de proteger essas mulheres. Famoso, o filme termina com as duas heroínas-vítimas apertando-se as mãos e atirando o carro em um penhasco.

A rede de televisão norte-americana Lifetime promove essa visão com uma aparentemente infindável oferta de filmes feitos para a TV, em que a protagonista feminina enfrenta a ameaça constante de abuso por parte de homens que a perseguem. Ao observar a lista dos títulos e das sinopses desses filmes, qualquer mulher paranoica irá encontrar muito combustível para seu medo.

---

[2] Higginbotham, p. 13.

Temos de admitir, a televisão e o cinema costumam dramatizar os acontecimentos da vida e se concentram em seus casos mais terríveis. Os episódios da série *Plantão médico (ER)*, por exemplo, raramente contam a história de médicos que se defrontam com pacientes internados com sintomas de gripe e ferimentos menos graves – embora não haja dúvidas de que tais sofrimentos comuns constituam a maioria dos casos que acabam no pronto-socorro dos hospitais.

Contudo, a Lifetime pretende oferecer às mulheres informações reais sobre as ameaças que enfrentam em suas próprias vidas. Por exemplo, o *website* do canal contém uma página com a manchete: "O nosso compromisso para toda a vida: deter a violência contra as mulheres". Entre as alarmantes estatísticas que a Lifetime cita encontra-se esta: "Uma em cada quatro mulheres nas universidades já foi vítima de estupro ou sofreu tentativa de estupro".[3]

A Lifetime decerto não é a única a recorrer a essa estatística alarmante como prova da generalização da violência contra as mulheres. Pergunte a uma estudante universitária média a probabilidade de uma mulher ser vítima de estupro, e é provável que ela responda "uma em quatro". Como iremos discutir mais adiante neste capítulo, essa estatística tem uma origem duvidosa, mas sua grande aceitação influencia a maneira como as mulheres veem os homens e os relacionamentos.

Redefinindo a violência contra as mulheres

O que constitui "violência" contra as mulheres tem sido redefinido em anos recentes. As leis norte-americanas contra o assédio sexual tornaram as piadas de mau gosto e os comentários inadequados não apenas um comportamento rude, mas crimes contra a mulher. A expressão "assédio sexual" não é apenas reservada aos casos verdadeiramente ofensivos, em que as mulheres são submetidas a reais ameaças e perseguições agressivas, mas também tem sido usada para rotular gracejos corriqueiros de escritório, a exposição de fotografias ou comentários cuja intenção é cumprimentar uma colega de trabalho.

A definição de estupro se tornou igualmente difusa. O termo, antes reservado para as ocasiões em que as mulheres (ou os homens) eram forçados ao sexo pelo uso de agressão física ou ameaças, agora é, às vezes, usado para descrever circunstâncias muito diferentes, como os casos em que uma mulher ingere álcool, concorda em manter relações sexuais, mas se arrepende depois.

Essas tendências semeiam confusão e, em certo sentido, minimizam o verdadeiro sofrimento das mulheres vitimizadas. Os verdadeiros casos de violência são horríveis e completamente incompatíveis com a sexualidade e os relacionamentos

---

[3] Lifetime Television. Disponível em: http://www.lifetimetv.com/community/olc/violence/facts_index.html.

saudáveis. Eles não são a regra. Ao equiparar todos os homens a uma pequena minoria de criminosos, o problema da violência contra as mulheres parece assustadoramente grande; assim, o avanço se torna impossível.

Lifetime: A Lista do Medo na Televisão

Aqui estão alguns exemplos de filmes exibidos pela rede de televisão Lifetime, nos quais as mulheres são ameaçadas pelos homens:

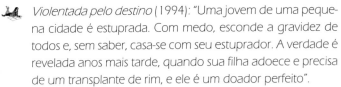

Violentada pelo destino (1994): "Uma jovem de uma pequena cidade é estuprada. Com medo, esconde a gravidez de todos e, sem saber, casa-se com seu estuprador. A verdade é revelada anos mais tarde, quando sua filha adoece e precisa de um transplante de rim, e ele é um doador perfeito".

Student Seduction [Sedução de estudante] (2003): "Christie Dawson desejava ser o tipo de professora com a qual seus alunos sempre poderiam contar, aquela professora 'legal' capaz de inspirar as jovens mentes a realmente se interessar por aprender química. Porém, depois que a paixão de um de seus alunos por ela foge ao controle, transforma-se em obsessão e ele investe sexualmente sobre ela, Christie já não tem certeza de que sabe como ser professora e amiga. De repente, seus colegas, vizinhos e até mesmo seu marido a acusam e se perguntam como poderia ela ter cruzado a linha e seduzido um estudante do ensino médio. Será Christie capaz de provar a sua inocência?"

Sem Permissão (1990): "Quando uma garota de cidade pequena chega a Los Angeles, o primeiro amigo que ela faz acaba por violentá-la em um encontro. E ela não é sua primeira vítima. Veja como essa forte mulher leva esse predador sexual à justiça".

Disponível em: http://www.lifetimetv.com/movies/archive/index.html

---

Esquecer os homens?

As jovens assim advertidas contra os homens se perguntam que opções lhes resta. Alguns estudos acadêmicos sobre as mulheres fazem uma sugestão. Eles desafiam as estudantes a avaliar suas preferências sexuais e a explorar a possibilidade de que elas não são intrinsecamente obrigadas a preferir o sexo oposto. Como um desses estudos afirmaria, as mulheres são vítimas de "suborno heterossexual":

> Esse suborno compreende "a perigosa fantasia de que se você for boa o suficiente, bonita o suficiente, doce o suficiente, calma o suficiente, se ensinar as crianças a se comportar, odiar as pessoas certas e se casar com o homem certo, então você terá a permissão de coexistir com o patriarcado em relativa paz" (Lorde 1984, p. 119). Seja como for, nossa socialização como fêmeas inculca-nos, de maneira ampla, certas convicções como, por exemplo, que a feminilidade heterossexual da classe média branca é nosso maior interesse.[4]

Outro livro, embora festejando o progresso que o feminismo tem feito no sentido de ajudar a "libertar o comportamento sexual feminino de suas tradicionais restrições", lamenta que a presunção de heterossexualidade continue a "cegar as pessoas diante de outras possibilidades para o sentimento e a prática sexual humana".[5]

Who's Afraid of Women's Studies [Quem tem medo dos estudos sobre a mulher] traz o trabalho de teóricas feministas que defendem que, mesmo se aceitarmos a ideia de que algumas mulheres sejam heterossexuais de nascença, as mulheres deveriam estar mais conscientes do seu "potencial lésbico", e que "se as lésbicas fossem visíveis de uma maneira comum, casual e natural [...]. Talvez fosse possível que a heterossexualidade não ocorresse às mulheres como uma forma viável de vida!".[6]

É justificável que os programas de estudos sobre a mulher cubram o lesbianismo e desafiem as estudantes a refletir sobre a maneira como as expectativas sociais determinam os relacionamentos e a identidade de cada pessoa. No entanto, é curioso que, enquanto a maioria dos estudos sobre a mulher apresente um retrato sombrio da heterossexualidade, o lesbianismo receba uma observação luminosa e positiva:

> Podemos ter muito o que aprender com o amor e o sexo lésbicos. Como mulheres que amam as mulheres porque são mulheres, as lésbicas afirmam que estão em uma posição especial no que diz respeito à liberação da sexualidade feminina. Livres da política heterossexual dos tradicionais papéis e normas baseados no gênero, mais positivas e

---

[4] ROGERS, Mary F., GARRETT, C.D. *Who's afraid of women's studies: feminisms in everyday life*. Walnut Creek, CA: Altamira Press, 2002, p. 42.

[5] ANDERSON, Margaret L. *Thinking about women: sociological perspectives on sex and gender*. 5ª ed. Needham Heights, MA: Allyn & Bacon, 2000, p. 81.

[6] Rogers e Garrett, p. 45.

autoafirmativas como mulheres, mais perspicazmente conscientes das necessidades de suas parceiras [...] as lésbicas asseguram que são mais capazes de descobrir e expressar a autêntica sexualidade feminina do que seus colegas heterossexuais. Embora os casais lésbicos compartilhem os conflitos de qualquer casal em um relacionamento íntimo, as experiências de muitos casais lésbicos têm implicações valiosas para criar relacionamentos livres da exploração.[7]

Dos 36 ensaios incluídos em *Listen Up*, nenhum contém imagens positivas da sexualidade dentro de um relacionamento heterossexual e monogâmico. Há vários ensaios sobre lesbianismo, alguns que festejam a promiscuidade e a liberação sexual e inúmeros artigos que tratam da violência sexual dos homens contra as mulheres. Uma das autoras relata sua luta para conciliar suas várias identidades como "mãe e mulher culta, casada, monogâmica, feminista, cristã e afro-americana", mas seu marido e seu casamento permanecem em segundo plano e, com certeza, não existe nenhuma discussão sobre sua vida sexual. Sexo e sexualidade permeiam os textos, mas o sexo saudável, monogâmico e heterossexual é ignorado.

Grupos feministas e outros defensores do movimento pelos direitos dos homossexuais, em geral, argumentam que a sexualidade é inata – que algumas mulheres nascem lésbicas e que a homossexualidade não é um comportamento que se pode escolher. Para sermos coerentes, também deveríamos afirmar que as mulheres heterossexuais precisam ser fiéis a si mesmas, buscando relacionamentos com pessoas do sexo oposto.

Considerando a realidade de que a maioria das mulheres é heterossexual e que vê como um objetivo importante a construção de um relacionamento monogâmico feliz com um homem, os programas de estudos sobre a mulher deveriam oferecer um retrato mais equilibrado dos perigos que as mulheres enfrentam.

Violência contra as mulheres e os homens

Antes de discutir o altamente emocional tema da violência contra as mulheres, a boa notícia é que a mulher hoje é muito menos propensa a ser vítima de um crime violento do que era uma década atrás. Nos Estados Unidos, a porcentagem de mulheres que foram vítimas de crime violento – incluindo homicídio, estupro, roubo e lesão corporal simples e com agravante – caiu em mais da metade durante os últimos dez anos. A porcentagem relativa aos homens também diminuiu acentuadamente.

Com frequência, as pessoas ouvem a expressão "violência contra as mulheres", mas raramente, se tanto, ouvem-se as palavras "violência contra os homens", em-

---

[7] Ruth, p. 254.

bora a população masculina continue a ser muito mais propensa a sofrer um crime violento do que a feminina. Embora a violência contra os homens tenha caído nas últimas décadas, a população masculina tinha quase 40% mais probabilidade de ser vítima de crime violento em 2003, e 3,4 vezes mais probabilidade de ser assassinada em 2002.[8]

Claro, os homens também, desproporcionalmente, cometem crimes violentos: eles tinham dez vezes mais probabilidade de cometer homicídio do que as mulheres em 2002, de acordo com o Departamento de Justiça dos Estados Unidos. Contudo, essas estatísticas contrariam a noção comum de que as mulheres são desproporcionalmente o alvo da violência masculina. Os homicídios de homens contra homens representavam em média dois terços de todos os casos, enquanto as ocorrências de homens contra mulheres representavam pouco mais de um quinto. Um em cada dez homicídios foi perpetrado por mulheres contra homens; homicídios de mulheres contra mulheres são os mais infrequentes, representando apenas 2% de todos os homicídios.

Uma provável razão para a ideia de que as mulheres são desproporcionalmente vítimas da violência é o fato de que elas costumam ser vítimas em casos que envolvem o parceiro. Cerca de um terço das mulheres vítimas de homicídio foi assassinada pelo cônjuge, ex-cônjuge ou pelo namorado/namorada, comparado a apenas 5% das vítimas do sexo masculino. As mulheres ainda representavam cerca de dois terços das pessoas assassinadas pelos parceiros, ao passo que os homens cometeram cerca de dois terços desses assassinatos. Os assassinatos em que as partes se conhecem e estão envolvidas uns com os outros podem ser apresentados de uma maneira mais dramática e, por isso, receberam uma parcela desproporcional da atenção da mídia. Esses crimes talvez pareçam mais terríveis por se considerar que envolvem a ideia impensável de uma pessoa ser assassinada por alguém que ela conhece e pode amar, em vez de apenas ela estar no lugar errado na hora errada.

As mulheres também representam mais de 80% de todas as mortes relacionadas ao sexo, casos esses que tendem a receber uma grande parte do interesse da mídia e do público. Por outro lado, mais de 90% das vítimas relacionadas às drogas e gangues são homens, o que atrai muito menos interesse. O público parece minimizar os assassinatos que ocorrem entre membros de gangues e traficantes de drogas, uma vez que os envolvidos parecem condenáveis por se associar a atividades repugnantes e ilegais.

Crimes contra a mulher também podem receber mais atenção por parte do público devido a um sentido tradicional de cavalheirismo. A sociedade é mais tole-

---

[8] U.S. Department of Justice, Bureau of Justice Statistics. *Homicide Trends in the U.S.* Disponível em: http://www.ojp.usdoj.gov/bjs/homicide/gender.htm.

rante com a violência entre homens, que, em tese, são mais capazes de se defender; a violência contra as mulheres, que, em geral, são reconhecidas como mais fracas e mais vulneráveis, é mais perturbadora.

> **Wardrobe malfunction* ou ataque sexual em quarto grau?**
> O domingo de Super Bowl acabou sendo um grande dia para os fãs do futebol americano e para os comerciais de televisão, a música popular, o entretenimento ao vivo e, como pudemos constatar, para o ataque sexual em quarto grau. O feito/acidente/problema (ou qualquer nome que você queira dar) imposto por Justin Timberlake e Janet Jackson a milhões de telespectadores desavisados foi uma dramatização incrivelmente realista da violência sexual rivalizada apenas pelos vendedores *online* de estupro na internet.
> **THURS, Maggie.** Fallout from Breastgate: Sexual Assault as Entertainment [Efeitos colaterais do caso do seio: ataque sexual como entretenimento]. *San Francisco Chronicle*, 11 de fevereiro de 2004.

Em última análise, as razões e as disparidades na incidência da violência interessa menos do que a importância de reconhecer que tanto os homens como as mulheres são vítimas, por isso nosso objetivo deve ser reduzir *toda* a violência, independentemente do gênero.

Violência doméstica ou mulher que apanha?

A percepção de que as mulheres são vítimas de maneira desproporcional é grande, sobretudo quando se trata da violência doméstica. Muitas vezes, a violência doméstica é descrita como "mulher que apanha", como se todos os casos

---

* *Wardrobe malfunction* se refere à exposição involuntária e constrangedora de partes do corpo que deveriam estar cobertas, devido a um problema com uma peça de roupa (que cai, abre ou rasga). A expressão se originou em um incidente durante um *show* dos artistas norte-americanos Justin Timberlake e Janet Jackson no intervalo do Super Bowl (a final do campeonato da Liga Nacional de Futebol Americano), transmitido pela televisão para milhões de espectadores, quando Justin retira uma parte da roupa de Janet, acompanhando a letra da canção e expondo o seu seio por breves instantes. Mais tarde, Timberlake se desculpou pelo incidente dizendo que havia sido um "*wardrobe malfunction*", um problema com a roupa, em tradução livre. (N. T.)

desse tipo de violência se restringissem ao abuso no âmbito do casamento, sendo o marido o autor da agressão.

Pesquisas sobre a violência doméstica revelam que a violência é mais uniformemente distribuída do que se poderia imaginar. Mulheres e homens são do mesmo modo suscetíveis a agir de forma violenta em um relacionamento. A diferença é que os homens têm uma probabilidade muito maior de infligir graves ferimentos a suas parceiras. Um estudo descobriu que as mulheres eram seis vezes mais propensas do que os homens a procurar atendimento médico devido a uma briga conjugal. De acordo com o Departamento de Justiça, as mulheres respondiam por 84% dos danos físicos provocados por violência doméstica.

Em seu relatório de pesquisa sobre a violência doméstica, Cathy Young afirmou:

> Cerca de metade de toda a violência conjugal é mútua, sendo que as mulheres tanto iniciam a agressão como atacam em autodefesa. Quando apenas um dos parceiros comete abuso, a probabilidade é a mesma de ser a mulher ou de ser o homem. Isso não significa que as consequências da violência doméstica sejam distribuídas igualmente. As mulheres têm uma probabilidade muito menor de infligir danos duradouros a uma vítima. Um estudo descobriu que as mulheres representam cerca de dois terços das lesões provocadas pela violência doméstica e, além disso, elas têm duas vezes mais chances do que os homens de serem assassinadas por um parceiro.[9]

Nos casos em que a agressão é grave, três quartos dos homens constituem os principais agressores. Considerando o discurso que envolve a violência doméstica, algumas pessoas podem se surpreender ao saber que em um em cada quatro casais com problemas severos de violência as mulheres são as principais agressoras e que os homens sofrem 16% de todos os danos provocados pela violência doméstica.

A violência doméstica é um problema sério e, com o propósito de traçar políticas e procedimentos para reduzir a incidência de violência, é importante reconhecer que as mulheres nem sempre são vítimas passivas nos relacionamentos. Elas também podem ser agressoras.

A culpa é do casamento?

O domingo de Super Bowl é considerado como um feriado nos Estados Unidos. Esse evento, que tem a maior audiência na televisão, é uma ocasião em que as famílias e os colegas de trabalho se reúnem para comer salgadinhos, beber cerveja e assistir ao jogo de futebol americano; parece bem inocente. Contudo, em 1993, o

---

[9] YOUNG, Cathy. *Domestic violence: an in-depth analysis*. Independent Women's Forum, Position Paper N. 504, 30 de setembro de 2005.

Super Bowl assumiu uma identidade mais obscura: o dia número um para a violência contra as mulheres. Os homens, estimulados pela testosterona e pela cerveja após assistir ao grande jogo, foram acusados de perder o controle e bater em suas esposas – ou assim a história foi contada.

Christina Hoff Sommers conta como, naquele ano, apesar do fato de que as ativistas mais tarde admitiram não existir dados nos quais fundamentar a alegação de que a violência aumentava durante o domingo de Super Bowl, a rede de televisão norte-americana NBC transmitiu um anúncio de utilidade pública sobre o problema da violência doméstica durante a grande final do campeonato.[10] A mídia e o público aceitaram essa afirmação sem fundamento sem questionar, porque ela se encaixa nos estereótipos sobre a violência doméstica. Ao analisar as reportagens relativas a esse assunto, um desses estereótipos torna-se claro: não são apenas os homens que batem nas mulheres; predominantemente, são os "maridos" que batem nas "esposas".[11]

Os pesquisadores, as autoridades e a mídia, muitas vezes, classificam todos os casos de violência doméstica sob a terminologia agressão conjugal sofrida pela esposa, o que implica que o próprio casamento está associado a, ou mesmo é responsável por, esses terríveis episódios. De pesquisadores que intitulam seus estudos sobre a violência desta maneira "A licença de casamento como licença para bater" às autoridades que lançam campanhas para deter os "maridos violentos", a linguagem do casamento é usada para discutir a violência doméstica como se ela fosse um problema que só existe entre aqueles que juraram ficar juntos para todo o sempre.[12]

Linda Waite e Maggie Gallagher tratam do mito de que o "Casamento é uma licença para bater" em seu livro *The Case for Marriage* [Em defesa do casamento], analisando como os pesquisadores costumam relacionar o casamento com situações de violência doméstica:

> Mesmo os mais respeitados pesquisadores, sabendo bem que a violência doméstica não se restringe às esposas, tendem a usar o abuso da mulher e a violência doméstica indistintamente, uma prática de linguagem que em si sugere que o casamento coloca as mulheres em grande risco. [...] A violência doméstica é, talvez, a única área em que os cientistas sociais usam causalmente o termo marido para significar qualquer um dos

---

[10] SOMMERS, Christina Hoff. *Who stole feminism?: how women have betrayed women*. Nova York: Simon & Schuster, 1995, p. 188-192.

[11] Por exemplo, ver HOLBERT, Ginny. Super Bowl timeout to protect women. *Chicago Sun-Times*, 18 de janeiro de 1993, p. 30, e Super Bowl Sunday leads to battered wives, say activists. *Orlando Sentinel*, 30 de janeiro de 1993, p. A3.

[12] WAITE, Linda J., GALLAGHER, Maggie. *The case for marriage: why married people are happier, healthier, and better off financially*. Nova York: Doubleday, 2000, p. 150-151.

ou todos os seguintes conceitos: o homem que é casado, o homem que era casado, o homem que vive com alguém, o homem que é um mero parceiro sexual e/ou o homem que era parceiro sexual.[13]

Com uma estimativa de 188 mil mulheres agredidas a cada ano nos Estados Unidos, não há dúvida de que a violência doméstica, ou o abuso do parceiro, contra as mulheres nesse país é um problema muito importante.[14] Porém, a culpa é realmente do casamento?

Pesquisas sugerem que as mulheres casadas têm probabilidade *menor* de se tornarem vítimas da violência do que as que são divorciadas, separadas ou solteiras, mas coabitam com homens. Waite e Gallagher analisaram os dados coletados pela National Crime Victimization Survey (Pesquisa Nacional de Vitimização) nos Estados Unidos e descobriram que dois terços dos ataques a mulheres considerados "violência íntima" (o que significa que os ataques feitos por amigos ou conhecidos são excluídos) não foram cometidos pelos maridos. Da mesma maneira, os ex-cônjuges, namorados ou ex-namorados foram responsáveis por 21% dos estupros contra 5% cometidos por maridos (conhecidos, amigos ou outros familiares foram responsáveis por mais da metade dos estupros).[15]

A violência dentro do casamento com certeza existe. Porém, as jovens, ao contemplar seus futuros relacionamentos, deveriam compreender que a violência aflige apenas uma minoria dos casamentos. Em um ano, menos de 2% das esposas e 1% dos maridos são submetidos a um episódio de violência que resulta em dano físico.[16]

Você votou ontem?
Não, mas denunciei um estupro.
Politicamente, chamo de estupro sempre que uma mulher faz sexo e se sente violada.
– Catharine MacKinnon, autora feminista

GPI

Naturalmente, há razões que explicam por que o abuso dentro do casamento pode não ser denunciado. Muitas esposas – que podem ser economicamente

---

[13] Ibid.
[14] Ibid., p. 154.
[15] Ibid., p. 155.
[16] Ibid., p. 153.

dependentes de seus maridos ou que não querem que seus filhos percam o relacionamento com o pai – hesitam em denunciar seus maridos violentos. Como Gallagher e Waite destacam, mesmo uma "pequena fração dos 53 milhões de casamentos nos Estados Unidos resulta em centenas de milhares de cônjuges agredidos todos os anos". Além disso, considerando que esses episódios ocorrem em apenas uma fração de todos os matrimônios, parece razoável supor que o casamento em si não é a causa dessa violência.[17]

O fato de que o matrimônio pode reduzir a probabilidade de violência[18] e a probabilidade de que as mulheres se tornem vítimas de um crime são apenas algumas das vantagens menos conhecidas do casamento. Como será discutido no próximo capítulo, as mulheres jovens, muitas vezes, recebem um grande volume de desinformação politicamente incorreta sobre o casamento e o divórcio.

As origens duvidosas da estatística "uma em cada quatro"

De acordo com o Departamento de Justiça, mais de 150 mil mulheres foram vítimas de estupro ou tentativa de estupro nos Estados Unidos em 2001 e 2002.[19] Por muitas razões, esse número pode ser inferior ao número de mulheres que vivenciam esse tipo de ataque. Algumas mulheres relutam em se expor por vergonha descabida, ou porque têm um relacionamento com o agressor que torna difícil denunciar seu crime. Algumas, eventualmente, apenas desejam evitar a polícia e os tribunais.

Partindo do pressuposto de que esses dados subestimam a incidência de estupro nos Estados Unidos, qual é a melhor estimativa de sua verdadeira frequência?

Uma das estatísticas mais comuns utilizadas pelos centros de estudos da mulher – e reproduzidas pelos meios de comunicação – é que uma em cada quatro universitárias é vítima de estupro ou tentativa de estupro. Esse é um dado chocante; se verdadeiro, elevaria o número de estupros nos Estados Unidos bem acima dos 150 mil casos registrados. De onde vem esse número e como ele foi calculado?

No livro *Who Stole Feminism?* [Quem roubou o feminismo?], Christina Hoff Sommers analisa as origens da estatística "uma em cada quatro". Em 1982, Mary Koss, que havia sido colaboradora da revista *Ms.*, fez uma pesquisa com 3 mil universitárias. As respostas a três questões foram utilizadas para determinar se elas

---

[17] Ibid., p. 155.
[18] Por exemplo, Gallagher e Waite descobriram que mesmo depois de eliminar questões como educação, raça, idade e gênero, as pessoas que vivem juntas ainda têm três vezes mais probabilidade de denunciar brigas violentas do que aquelas que são casadas. Ibid., p. 156.
[19] RENNISON, Callie Marie, Ph.D, RAND, Michael R. *Criminal victimization, 2002*. Bureau of Justice Statistics National Crime Victimization Survey, agosto de 2003, p. 3.

haviam sido estupradas: Você já teve relações sexuais quando não desejava porque um homem lhe deu álcool ou drogas? Você já teve relações sexuais quando não desejava porque um homem a ameaçou ou empregou algum grau de força física (torcendo seu braço, imobilizando-a etc.) para fazer sexo com você? Você teve atos sexuais (penetração anal, oral ou por outros objetos que não o pênis) quando não desejava porque um homem ameaçou usar algum grau de força física (torcendo seu braço, imobilizando-a etc.) para fazer sexo com você?

> **O Que um Ícone Feminista disse:**
>
> Não existe nada similar, dentre grupos sociais subjugados, à experiência de ser estuprada: é uma penetração, uma entrada, uma ocupação. Não existe nada similar que aconteça em países colonizados ou com raças dominadas ou com dissidentes que são aprisionados ou com culturas colonizadas, e nem na submissão de crianças por adultos ou nas atrocidades que marcaram o século XX, de Auschwitz ao Gulag. Não existe nada exatamente igual, e isso não é por causa de invasão política ou da banalização do sexo diante dessas outras submissões e brutalidades. O estupro é uma realidade particular para as mulheres que são consideradas como uma classe inferior; é intrínseco a ele, como parte dele, a violação de limites, o controle, a ocupação, a destruição da privacidade, e tudo isso é considerado normal e fundamental para a continuidade da existência humana.
>
> **Andrea Dworkin,** Intercourse.
> http://www.nostatusquo.com/ACLU/dworkin/Intercoursel.html

Baseados nas respostas a essas perguntas, os pesquisadores concluíram que 15% das mulheres entrevistadas haviam sido estupradas e 12% tinham sofrido uma tentativa de estupro. Portanto, um total de mais de 27% das mulheres eram vítimas de estupro ou de tentativa de estupro.[20] Essa é a origem da estatística "uma em cada quatro".

Existem informações importantes que não estão refletidas nesse número. Por exemplo, apenas 25% das mulheres que Koss considerou como tendo sido estupradas descreveram sua experiência como estupro. Mais ou menos metade descre-

---

[20] Sommers, p. 211.

veu o incidente como "erro de comunicação" e 11% afirmaram que não se sentiam vitimizadas.

Sommers relata como os estudiosos questionaram a precisão desses dados. Um professor da Escola de Serviço Social de Berkeley observou os problemas associados com a pergunta: "Você já teve relações sexuais quando não desejava porque um homem lhe deu álcool ou drogas?". Qualquer pessoa que tenha bebido muito e teve um encontro sexual pode responder sim a essa questão, mesmo que o lamentável incidente não tenha sido estupro:

> Se seu namorado prepara uma jarra de margarita* e a incentiva a beber com ele e você aceita um drinque, terá você sido "submetida" a um intoxicante e por isso tido seu julgamento prejudicado? Com certeza, se você perder a consciência e for molestada, isso poderia ser considerado como estupro. Porém, se beber e, enquanto estiver sob o efeito do álcool, fizer sexo do qual, mais tarde, poderá vir a se arrepender, você terá sido estuprada? Koss não aborda essas questões especificamente, ela apenas considera seu namorado um estuprador, e você, uma estatística de estupro no caso de ter bebido com seu namorado e se arrependido de ter relações sexuais com ele.[21]

Koss também descobriu que quatro em cada dez mulheres que ela considerava vítimas de estupro e uma em cada três vítimas de tentativa de estupro voltaram a ter relações sexuais com seus assim chamados agressores. Enquanto Koss reflete sobre as possíveis razões que essas mulheres teriam para voltar para seus agressores, Sommers oferece uma explicação mais simples:

> Considerando que a maioria daquelas que Koss avalia como vítimas de estupro não se considerava como tendo sido estuprada, por que não tomar esse fato e o fato de que muitas voltaram para seus parceiros como indícios razoáveis de que elas não foram estupradas, só para começar?[22]

Um Livro que Não Era para Você Ler

Ceasefire! Why Women and Men Must Join Forces to Achieve True Equality [Cessar fogo! Por que mulheres e homens devem unir forças para atingir a verdadeira igualdade], de Cathy Young. New York: The Free Press, 1999.

---

*   Margarita é um coquetel feito com tequila, suco de limão e licor de laranja, servido com sal em volta da borda do copo. (N. T.)

[21] Ibid., p. 212.

[22] Ibid., p. 214.

Pesquisadores que examinaram esse estudo estimaram que se você eliminar as mulheres que não se consideravam como tendo sido estupradas e aquelas que haviam respondido afirmativamente à questão sobre o álcool e as drogas, em vez de uma em cada quatro mulheres vítimas de estupro ou de tentativa de estupro, aproximadamente uma em cada 22 e uma em cada 33 são vítimas, ou 3% e 5% das mulheres. Essa estimativa menor ainda é alarmante e, provavelmente, está abaixo do número exato – as mulheres podem se mostrar relutantes em admitir que foram estupradas até mesmo em uma pesquisa anônima.

Outro estudo com 4 mil mulheres, publicado no relatório "Rape in America" [Estupro nos Estados Unidos], revelou que uma em cada oito mulheres norte-americanas – ou cerca de 12% – havia sido vítima de estupro forçado, o que foi definido como "um episódio que ocorreu sem o consentimento da mulher, envolveu o uso da força ou de ameaça de força e incluiu a penetração sexual da vagina, boca ou reto da vítima". Mais de oito em cada dez não notificaram o crime à polícia.

Mesmo com todos os problemas relativos ao baixo índice de notificações, esses números inferiores são um avanço significativo em relação aos dados que são sem dúvida muito altos e que, inevitavelmente, levam a um medo histérico de que um quarto de *todas* as mulheres norte-americanas – cerca de 40 milhões – será estuprada.

Mais pesquisas são necessárias para que se possa alcançar um melhor entendimento sobre a incidência de estupro nos Estados Unidos, mesmo que o número exato seja impossível saber. Maiores esforços precisam ser feitos para reduzir o número de mulheres (e homens) que são vítimas desse crime brutal. Entretanto, considerando que a estatística "uma em cada quatro" é quase certamente exagerada, não deveria ser ensinada como dogma – se não por nenhuma outra razão, porque pode alarmar as jovens sem nenhuma necessidade.

A definição de estupro

Parte da incerteza sobre a incidência do estupro pode ter origem na grande ambiguidade existente em relação à definição desse crime. Enquanto um dicionário oferece a definição aparentemente objetiva de estupro como "forçar outra pessoa a se submeter a atos sexuais, sobretudo a relação sexual", o que constitui "força" tornou-se obscuro. Em particular, em situações que envolvem álcool é difícil, às vezes, distinguir o que é estupro e o que é simplesmente sexo impensado.

Muitas feministas têm pressionado a favor de uma definição muito ampla de estupro. Por exemplo, a definição de estupro da feminista Catharine MacKinnon – "politicamente, chamo de estupro sempre que uma mulher faz sexo e se sente violada" – é muitíssimo abrangente e indefinida, sugerindo que não há, em essência, nenhum momento em que um homem possa se sentir confiante de que uma mulher não poderia decidir mais tarde classificar seu interlúdio sexual como estupro.

No livro *Ceasefire! Why Women and Men Must Join Forces to Achieve True Equality* [Cessar fogo! Por que mulheres e homens devem unir forças para atingir a verdadeira igualdade], Cathy Young analisa como essa ambiguidade tem criado problemas significativos no sistema jurídico norte-americano. Uma definição liberal de estupro abriu as portas para as mulheres que, por exemplo, bebem demais e, então, mantêm relações sexuais para, mais tarde, acusar seu parceiro de tê-las estuprado. Mulheres que de início dizem não, mas depois continuam a se envolver em uma atividade sexual que leva à relação, têm acusado homens de estupro, embora não tenham enfrentado nenhuma ameaça física, nem se recusado ao ato outra vez, o que foi, infelizmente, interpretado por seus parceiros como uma mudança de ideia. Esse novo padrão para o que constitui estupro tem levado à prisão de homens inocentes acusados de um crime brutal por mulheres motivadas por rancor ou ciúme.

Como Young analisa, o desejo de dar à mulher que acusa o benefício da dúvida decorre de um impulso compreensível para corrigir o histórico tratamento inadequado dado às vítimas de estupro, que eram, com frequência, levadas a se sentir como se fossem responsáveis por causar o crime. Entretanto, é inevitável que o estupro – em particular o estupro que ocorre entre acompanhantes ou conhecidos que mantiveram algum contato sexual – muitas vezes leve a uma situação do tipo "ele disse, ela disse". Embora seja importante levar as acusações de uma mulher muito a sério, também é importante não perder de vista os direitos dos acusados. Inocente até que se prove o contrário é um componente fundamental do sistema jurídico norte-americano e não deve ser jogado fora simplesmente devido a um sentimento de simpatia pela vítima.

As mulheres também devem considerar as implicações sociais de uma definição tão abrangente de estupro. Ao sugerir que pode haver estupro sempre que uma mulher tiver relações sexuais depois de consumir álcool, as feministas estão sugerindo que as mulheres são incapazes de tomar decisões quando bebem – nada consistente com a ideia de que as mulheres são capazes, independentes e iguais.

A noção de que uma vez que um "não" tenha sido proferido qualquer coisa que aconteça depois disso é estupro constitui uma perda de liberdade para as mulheres. Embora muitas faculdades e universidades tenham procurado impor diretrizes e códigos de linguagem para se obter consentimento durante um encontro sexual, essas regras ignoram como os seres humanos tendem a agir. A maioria das mulheres (e dos homens) é mais reservada em situações que envolvem o sexo e não está interessada em se enredar em uma longa discussão técnica sobre precisamente quais atos íntimos podem ocorrer. Um estudo revelou que seis em cada dez

> **É prerrogativa da mulher mudar de ideia.**
>
> O estupro cometido por uma pessoa conhecida da mulher é uma atividade sexual indesejável que pode ser diferenciada do estupro comum pela ausência de violência declarada. Se o acompanhante de uma mulher a ataca violentamente e a obriga a manter relações sexuais, então o que temos é estupro sem adjetivos, e não estupro "por pessoa conhecida". Em alguns casos de estupro por pessoa conhecida, uma estudante universitária afirma que foi estuprada por seu namorado, enquanto o rapaz insiste em que o ato sexual foi consensual. Às vezes, o consumo de álcool tem obscurecido a história de quem fez o quê, disse o quê e quis dizer o quê. Nesse caso, ela não disse não de maneira clara o suficiente; ela não tinha clareza sobre o que queria em sua própria mente. Ou talvez tivesse clareza em sua própria mente de que não queria transar, mas se deixou convencer e depois se arrependeu. Esse processo de "convencê-la a transar" torna-se o ato de agressão que justifica a descrição do ato como estupro.
>
> **Jennifer Roback Morse**, *Smart Sex: Finding Life-Long Love in a Hook-Up World* [Sexo inteligente: encontrando o amor de toda a vida no mundo do "ficar"].

universitárias sexualmente ativas haviam de fato dito "não" para o sexo, mesmo quando tinham a intenção de manter relações sexuais, e quase todas tinham dito "não" quando ainda estavam pensando a respeito.

Conclusão

A violência contra as mulheres é um problema em muitos países. As mulheres precisam estar preparadas para se proteger e tomar precauções para minimizar o risco de ataque. Sobretudo, as mulheres jovens devem tomar consciência do potencial de violência e saber que mesmo os rapazes aparentemente corretos podem se revelar mal-intencionados. Porém, elas devem reconhecer que esses homens são exceções, que a violência não é inevitável e que esses crimes são uma aberração em qualquer sociedade.

Capítulo Sete

O casamento: mais felizes para sempre

Muitas pessoas acreditam que o casamento está em decadência. É senso comum que as taxas de divórcio subiram durante a segunda metade do século XX, ao mesmo tempo que as taxas de casamento caíram. Um número crescente de casais também está preferindo desistir ou pelo menos adiar o matrimônio em favor de morar juntos, acreditando que, dessa maneira, poderão desfrutar de muitas vantagens do casamento, sem o compromisso e as responsabilidades.

Veja só!

 As feministas radicais veem o casamento como uma armadilha cruel para as mulheres, perpetuando o patriarcado e mantendo as mulheres subservientes aos homens.
 É importante que as jovens reconheçam que morar junto e casar não são a mesma coisa.
 As mulheres casadas relatam níveis mais altos de atividade e satisfação sexual do que suas colegas solteiras.

Muitos fatores contribuíram para o declínio do casamento, incluindo mudanças na legislação do divórcio, a revolução sexual e a crescente independência econômica das mulheres. O ataque das feministas ao casamento também teve influência em sua desvalorização. As feministas radicais veem-no como uma armadilha cruel para as mulheres, perpetuando o patriarcado e mantendo as mulheres subservientes aos homens. Elas lamentam os papéis que as mulheres e os homens tendem a assumir nas uniões tradicionais, acreditando que as mulheres ficam com a pior parte do contrato de casamento.

Apesar dessa visão negativa do matrimônio e da alta taxa de divórcio, a maioria das jovens ainda deseja se casar, pois elas devem estar certas de que o casamento é um objetivo razoável, associado a uma saúde, felicidade e segurança financeira melhores.

A relação difícil das feministas com o casamento

O movimento feminista tem uma longa história de encarar o casamento com desconfiança, sendo que algumas das mais radicais chegaram até mesmo a convocar as mulheres para boicotar totalmente essa instituição. A organização radical A Feminista, fundada na década de 1960, incluiu a seguinte restrição ao casamento para seu quadro de membros:

(a) Porquanto AS FEMINISTAS consideram a instituição do casamento intrinsecamente desigual, tanto em seus aspectos formais (legais) como informais (sociais), e

(b) Porquanto consideramos a instituição a formalização basilar da perseguição às mulheres, e

(c) Porquanto consideramos a rejeição dessa instituição, tanto na teoria como na prática, uma marca essencial da feminista radical,

TEMOS UMA COTA PARA O QUADRO DE MEMBROS: QUE NÃO MAIS DE UM TERÇO DE NOSSAS ASSOCIADAS PODE TOMAR PARTE DA INSTITUIÇÃO DO CASAMENTO, TANTO EM SUA INSTÂNCIA FORMAL (COM CONTRATO LEGAL) COMO INFORMAL (POR EXEMPLO, VIVER COM UM HOMEM).[1]

Mesmo as integrantes da principal corrente do movimento feminista, como Robin Morgan, que se tornou editora da *Ms.*, queriam pôr um fim no casamento como o conhecemos: "Não podemos destruir as desigualdades entre homens e mulheres enquanto não destruirmos o casamento".[2]

---

[1] KOEDT, Anne, LEVINE, Ellen, RAPONE, Anita, eds. *Radical feminism*. Quadrangle, Nova York Times Book Company, 1973, p. 374.

[2] FAGAN, Patrick F., RECTOR, Robert E., NOYES, Lauren R. Why Congress should ignore radical feminist opposition to marriage. *Heritage Backgrounder*, #1662, 16 de junho de 2003, p. 4.

Por fim, algumas feministas vieram a reconhecer os problemas associados a essa aversão a uma instituição a que muitas mulheres dão valor. Em 1981, Betty Friedan – que muitos afirmam ter lançado o movimento feminista moderno _ conclamou o movimento feminista a considerar o papel positivo que o casamento e a família desempenham na vida de muitas mulheres e a superar sua aversão expressa:

> O movimento das mulheres está sendo acusado, acima de tudo, pela destruição da família. Religiosos e sociólogos declaram que a família norte-americana, da maneira como sempre foi conhecida, está se tornando uma "espécie em extinção", devido ao crescimento das taxas de divórcio e ao enorme aumento de famílias com só um dos pais e pessoas – sobretudo mulheres – que vivem sozinhas. O questionamento das mulheres de suas antigas responsabilidades para com a família também está sendo acusado pela apatia e negligência moral da "geração do eu".
>
> Acredito que devemos, pelo menos, admitir e começar a discutir abertamente a negação feminista da importância da família, das próprias necessidades das mulheres em dar e receber amor, carinho e cuidado.[3]

Mesmo enquanto a principal corrente do movimento feminista procura moderar sua posição sobre o matrimônio, os estudos sobre mulheres continuam a apresentar uma visão negativa dessa instituição. Eles alertam sobre os possíveis perigos para a psique feminina e estimulam as mulheres a questionar se seu desejo de casar é resultado mais de um patriarcado misógino do que propriamente de uma verdadeira reflexão sobre suas preferências. Um capítulo intitulado "Women's Personal Lives: The Effects of Sexism on Self and Relationships" [A vida pessoal das mulheres: os efeitos do sexismo sobre a personalidade e o relacionamento], em um estudo introdutório, inclui subtítulos como: "O caso contra o casamento tradicional" e "O papel feminino no casamento tradicional: uma configuração".

> **Ela é casada**
>
> Não que exista algo errado com isso.
> Devemos parar de repetir o mantra absurdo que diz "é legal ser solteira" e assumir a posição mais agressiva que diz "não é legal ser casada".
>
> – Jaclyn Geller, *Here Comes The Bride: Women, Weddings, and the Marriage Mystique* [Aí vem a noiva: mulheres, cerimônias e a mística do casamento]

GPI

---

[3] FRIEDAN, Betty. *The second stage*. Nova York: Summit Books, 1981, p. 22.

O estudo evita condenar a instituição de maneira definitiva – "Não é que o feminismo seja, em princípio, incompatível com o casamento. (Embora algumas feministas acreditem que seja, outras não, e muitas delas se casam.)"[4] – e simplesmente afirma assumir um "olhar mais objetivo" sobre o casamento. Na verdade, o casamento é retratado como uma instituição destinada a beneficiar os homens e a aprisionar as mulheres. Considere a seguinte passagem:

> A fantasia – o mito do casamento, um conto místico de amor, romance e união – para as mulheres que casam, para aquelas que não casam e para as que descasam exerce um poder incrível sobre a maneira como vivemos nossas vidas. Embora uma pequena minoria das famílias se encaixe na versão do conto de fadas – mamãe em casa, papai no trabalho –, e embora uma minoria muito pequena de casais experimente o romance "e viveram felizes para sempre", o mito funciona. Ele alimenta nossas expectativas e colore nossos relacionamentos. O mito do casamento opera em nossas consciências mesmo quando ele está completamente fora da realidade e embora a história seja completamente falsa.[5]

Completamente falsa? Se de fato existem jovens mulheres que têm a ilusão de que o casamento garante a felicidade eterna, então, com certeza, elas devem ser avisadas de que todos os relacionamentos, incluindo o casamento, envolverão responsabilidades e algumas dificuldades. Contudo, chamar a imagem de um casamento feliz de "completamente falsa" revela uma aversão que está fora de sintonia com a mulher casada média.

Os estudos de mulheres se referem a pesquisas que sugerem que as casadas são as mais deprimidas e as menos felizes da sociedade norte-americana. As feministas lamentam a maneira como as mulheres, em geral, assumem obrigações, como cuidar das crianças e da casa, enquanto os homens não devem fazer nada, exceto se concentrar em suas carreiras. Basicamente, elas afirmam que as mulheres fazem um mau negócio ao se casar e devem pensar em renegociar seus contratos.[6]

---

[4] Ruth, p. 235.
[5] Ibid.
[6] Por exemplo, "o marido troca parte de sua renda e de sua liberdade pelo tipo de serviços e satisfações que uma esposa oferece. E o que uma esposa tem em troca? Pela segurança financeira (hoje, um retorno nada claro para mais de 54% de todas as mulheres casadas que trabalham fora do lar), pelo *status* de estar casada, pelo amor e pela companhia, as mulheres assumem tarefas quase ilimitadas para servir sua casa e sua família. Enquanto o marido assume um 'emprego' que envolve um número de horas, tarefas e recompensas bem específicos, a esposa assume um estilo de vida". Ruth, p. 237. E também: "As mulheres casadas ainda tendem a tomar para si a maior parte das responsabilidades relativas aos cuidados com a família; o marido é, entre outras coisas, mais uma pessoa da família que precisa de

O livro de Jaclyn Geller, professora da Universidade de Nova York, *Here Comes The Bride: Women, Weddings, and the Marriage Mystique* [Aí vem a noiva: mulheres, cerimônias e a mística do casamento], pretende convencer os leitores não apenas de que a cultura norte-americana colocou um valor muito alto no romance e no casamento, mas também que essa união é uma instituição perniciosa que deveria ser evitada pelas mulheres. Ela disseca o ritual que envolve o namoro e a "indústria do casamento", destacando a maneira como a sociedade norte-americana criou um sistema de recompensas para quem entra para o mundo do matrimônio, excluindo todos os que não são casados.

A autora afirma que a fixação nesse único relacionamento romântico como o pináculo da existência exclui a percepção saudável da importância de outros relacionamentos íntimos, como as amizades e as relações familiares. As garotas solteiras, mesmo em uma idade em que suas vidas são, muitas vezes, retratadas como excitantes e glamourosas, são encorajadas a pensar que sua vida começa apenas depois de terem encontrado um marido. Geller lamenta o uso da palavra "solteira", que não dá conta da multiplicidade de relacionamentos que uma mulher não casada tem a seu alcance e que dá a entender que falta alguma coisa em sua vida ou que ela está "sozinha".

Com certeza, é importante para as mulheres e para a sociedade em geral reconhecer que se casar não é a coisa certa para todo o mundo e que existe vida repleta de sentido fora do casamento. A imagem caricata da "solteirona" dificilmente representa a vida dinâmica que muitas mulheres solteiras levam. Porém, em vez de estimular um maior respeito pelas escolhas feitas pelas mulheres, incluindo a decisão de não se casar, Geller procura conduzir a sociedade a condenar o casamento e aquelas que escolhem se casar – até mesmo ícones feministas. Por exemplo, ela considera a decisão de Gloria Steinem de se casar como uma traição, acrescentando:

> Eu argumentaria que apoiar uma instituição enraizada na comercialização das mulheres como se fossem uma propriedade, uma instituição que desvaloriza a amizade e que concebe a existência feminina em termos de uma narrativa romântica da redenção masculina, não é válido, nem certo em época alguma.[7]

---

cuidados. Além de fazer todo o trabalho doméstico, uma 'boa' esposa deve oferecer apoio emocional para seu marido. [...] Arlie Hochschild tocou em um ponto nevrálgico em muitas famílias quando publicou o livro *The Second Shift* [A segunda mudança], que trata das consequências estressantes dessa divisão do trabalho. As mulheres com filhos têm de suportar um enorme fardo quando seus casamentos se dissolvem, mas, por outro lado, elas têm também uma pessoa a menos para cuidar". SAPIRO, Virginia. Women in American society: an introduction to women's studies. 4th ed. Mountain View, Califórnia: Mayfield Publishing Company, 1999, p. 188.

[7] GELLER, Jaclyn. Here comes the bride: women, weddings, and the marriage mystique. Nova York: Four Walls Eight Windows, 2001, p. 71.

Essa aversão ao casamento simplesmente ignora suas muitas vantagens e sua importante função na sociedade.

Mídia: festejando a cerimônia, não o casamento

Enquanto professoras feministas podem procurar afastar as jovens do altar, muitas outras mensagens que as jovens recebem fora da sala de aula continuam a alimentar seu desejo de se casar. O estudo de Glenn e Marquardt com universitárias revelou que mais de oito em cada dez das entrevistadas ainda pensavam que "estar casada" era um objetivo importante na vida, e mais de seis em cada dez esperavam encontrar seu futuro marido na universidade.

As mulheres são lembradas do desejo de casar – e da cerimônia do casamento em particular – a todo momento. As revistas femininas constantemente publicam matérias que ensinam o que fazer para que seu companheiro faça o pedido, sem falar nas revistas especializadas que se dedicam ao planejamento da cerimônia perfeita, incluindo a lua de mel e o chá de cozinha. Não é de admirar que a indústria do casamento seja um negócio de 35 bilhões de dólares a cada ano nos Estados Unidos.[8]

Em comparação, pouca tinta é gasta para tratar do significado do casamento depois que o topo (os noivinhos) do bolo de noiva é guardado (a menos que seja sobre as maneiras de melhorar sua vida sexual). Na mídia, as cerimônias de casamento são, em geral, o fim e o final feliz de uma série de televisão ou de um filme.

> **O Que um Ícone Feminista disse:**
> "Eu acredito em casamento. Penso que intimidade, união e família tenham valor."
> – Betty Friedan
> http://www.csmonitor.com/2006/0207/p02s02-ussc.html
>
> GPI

Esta década assistiu a uma enxurrada de *reality shows* na televisão, incluindo *Who Wants to Marry a Millionaire* [Quem quer se casar com um milionário?] e *The Bachelor* [O solteiro], que usam o casamento como prêmio em uma espécie de *game show*.* A série *Friends* terminou com uma sequência de casamentos, mas

---

[8] The wedding planning magazine FOR YOU. *Philadelphia Tribune*, 28 de maio de 2002, v. 118, n. 55, p. 1B.

* *Game show* é um programa de televisão em que os participantes, sozinhos ou em equipes, disputam um jogo que pode incluir testes com perguntas ou provas físicas com o objetivo de ganhar prêmios. (N. T.)

esses acontecimentos aparentemente sérios foram ofuscados pelo tratamento casual dado ao matrimônio, como a série de divórcios de Ross, o marido de Phoebe interessado em um *green card* ou a efêmera união de Ross e Rachel em Las Vegas.

No entanto, o casamento na vida real é mais do que uma cerimônia. Ele é um compromisso para a vida inteira que exige uma perspectiva de longo prazo. Isso é ainda mais verdadeiro considerando-se o aumento da incidência de divórcio na cultura norte-americana. Cada vez menos jovens, mulheres e homens, crescem em famílias que oferecem o melhor modelo de como um casamento deve ser na vida real: com os pais casados.

É especialmente importante que as jovens que cresceram em lares desfeitos ouçam os fatos sobre o lado positivo do casamento. Todo o mundo sabe que cerca de metade dos casamentos fracassa. Contudo, essa estatística do "meio copo vazio" também significa que mais da metade das uniões (e bem mais da metade do primeiro casamento) é bem-sucedida. As moças precisam saber que é possível alcançar uma vida inteira de companheirismo com um marido e que o casamento traz muitas vantagens importantes em termos de saúde, segurança financeira e felicidade de longo prazo.

Casamento: mais felizes para sempre

Waite e Gallagher, em seu livro *The Case for Marriage* [Em defesa do casamento], catalogaram uma série de pesquisas sobre os efeitos do matrimônio em homens e mulheres, concluindo que ambos os sexos apresentam melhor saúde mental e são mais felizes quando casados do que quando solteiros, vivendo juntos, divorciados, separados ou viúvos.

As autoras destacam vários estudos que sustentam essa afirmação. Um dos mais convincentes é um estudo longitudinal em que os pesquisadores acompanharam os mesmos indivíduos ao longo de cinco anos, período durante o qual alguns participantes se casaram, enquanto outros se divorciaram ou se separaram, e outros ainda permaneceram solteiros. O estudo revelou que o casamento melhorou substancialmente a saúde mental dos indivíduos, ao mesmo tempo que o divórcio e a separação foram associados à deterioração do bem-estar mental e emocional. Waite e Gallagher ressaltam a importância desse estudo, considerando que ele observa os indivíduos antes e depois de terem vivenciado uma mudança de estado civil e, portanto, foram capazes de excluir a hipótese de que as pessoas mais felizes são as solteiras:

> Eles descobriram que o ato de se casar é o que realmente faz as pessoas mais felizes e mais saudáveis; por outro lado, divorciar-se inverte esses ganhos, mesmo quando levamos em consideração medidas anteriores de saúde mental e emocional.[9]

---

[9] Waite e Gallagher, p. 70.

Waite e Gallagher também destacam os dados de uma pesquisa feita com 14 mil adultos, em que homens e mulheres casados apresentaram significativamente maior probabilidade de reconhecer que estavam satisfeitos com a vida. Quarenta por cento dos indivíduos casados afirmaram que se sentiam muito felizes, comparados a menos de um quarto dos solteiros e dos que viviam juntos, 15% dos separados e 18% dos divorciados.[10]

As pessoas casadas, assim como as solteiras e as que viviam juntas com seus parceiros, apresentaram cerca de 50% de probabilidade de sentir uma infelicidade geral em relação a suas vidas. Já os indivíduos que eram divorciados mostraram duas vezes e meia, e os viúvos quase três vezes mais probabilidades de se sentir "não muito felizes".[11]

É notável observar que, em todos os casos, menos que a maioria das mulheres entrevistadas se diz, em geral, "muito feliz" com sua vida. Isso corrobora as afirmações feministas de que as jovens não deveriam se iludir acreditando que o casamento garante felicidade ou mesmo um estado compatível a "felizes para sempre". Porém, a declaração de que o casamento é a *causa* da infelicidade não é confirmada pelos fatos. Evidências sugerem que essa instituição aumenta a probabilidade de se alcançar uma felicidade duradoura em comparação a outros caminhos que as mulheres podem tomar em seus relacionamentos.

O Centro de Pesquisa Pew sobre População e Imprensa, organização de pesquisa norte-americana com sede em Washington, pesquisou 1.101 mulheres norte-americanas em 1997 sobre suas atitudes em relação ao casamento. Enquanto as mulheres casadas predominantemente responderam que o matrimônio era uma fonte de felicidade para elas, cerca de metade também revelou que sua união era uma fonte de frustração: "Nove em cada dez mulheres afirmam que seu casamento as faz felizes a maior parte do tempo ou todo o tempo. Cerca de metade acredita que seu casamento é frustrante, pelo menos parte do tempo.[12]

> **Um Livro que Não Era para Você Ler**
>
> *The Case for Marriage: Why Married People Are Happier, Healthier, and Better Off Financially* [Em defesa do casamento: por que os casados são mais felizes, mais saudáveis e mais bem-sucedidos financeiramente], de Linda J. Waite e Maggie Gallagher. Nova York: Doubleday, 2000.

---

[10] Ibid., p. 67.

[11] Ibid., p. 68.

[12] As American women see it; motherhood today—a tougher job, less ably done. *The Pew Research Center for People and the Press*, 9 de maio de 1997, p. 5.

As feministas observariam que é impossível isolar a "verdadeira" felicidade, considerando que uma parte da felicidade de uma mulher casada pode ser atribuída ao fato de satisfazer certas normas sociais. Ela conseguiu se adaptar e, portanto, consegue evitar a condenação da sociedade que, em geral, vem sob o rótulo de "solteirona", "divorciada" ou mesmo de "viúva".[13]

Sem dúvida, as pressões sociais – tanto positivas como negativas – influenciam a decisão de uma pessoa se casar. As mulheres jovens precisam ter consciência de como essa pressão afeta sua decisão e como pode fazê-las entrar no casamento de uma maneira impensada. Porém, as educadoras feministas enganam as mulheres ignorando o desejo delas de se casar e as provas de seus níveis mais altos de felicidade. Minimizar as respostas das mulheres ou insistir que seus desejos são, na verdade, o resultado da manipulação masculina cheira ao tipo de sexismo que as feministas alegam abominar.

Casamento: um bom plano financeiro

O casamento também é bom para as carteiras, as economias e a estabilidade financeira de longo prazo das mulheres. Os casais que permanecem juntos têm uma probabilidade bem menor de empobrecer do que as pessoas que nunca se casam.[14] A maior parte do livro *The Two-Income Trap* [A armadilha das duas rendas], escrito por Elizabeth Warren e Amelia Warren Tyagi, é dedicada aos problemas financeiros enfrentados por muitas famílias norte-americanas, em especial por casais com dupla remuneração que dependem de dois salários para dar conta das despesas. Porém, o livro também aborda algumas maneiras em que o casamento ajuda a afastar as dificuldades financeiras. O cônjuge que fica em casa é comparado a uma "rede de segurança" ou a uma apólice de seguros.[15] Se o outro cônjuge perde o emprego ou adoece, o cônjuge que fica em casa pode procurar trabalho fora a fim de compensar qualquer eventual perda de renda.

O casamento também contribui para estimular hábitos de economia, porque os cônjuges que são mais responsáveis em administrar o dinheiro tendem a assumir uma parcela desproporcional desse tipo de tarefa.[16] O casamento também parece incentivar a poupança. Waite e Gallagher citam um estudo sobre o comportamento das pessoas em relação à poupança ao longo de um período de cinco anos que

---

[13] Ruth, p. 244-245.
[14] Waite e Gallagher, p. 121. Para uma discussão mais aprofundada sobre os efeitos do casamento e do divórcio na segurança financeira de mulheres e homens, ver páginas 97-123.
[15] WARREN, Elizabeth, TYAGI, Amelia Warren. *The two-income trap: why middle-class mothers & fathers are going broke*. Nova York: Basic Books, 2003, p. 55-70.
[16] Waite e Gallagher, p. 114.

concluiu que o patrimônio dos casais que permanecem juntos aumentou em mais de 7% por ano, efeitos esses que não puderam ser explicados por uma educação melhor, nem por uma saúde melhor, nem mesmo por rendimentos mais altos.[17]

O casamento conduz a uma saúde melhor

Os dados sugerem que as mulheres casadas têm uma saúde melhor. O Centro de Controle e Prevenção de Doenças dos Estados Unidos realizou uma pesquisa com 127.545 adultos acima dos 18 anos de idade e descobriu que os casados, em geral, eram mais saudáveis do que os não casados:

> Independentemente dos subgrupos da população (idade, sexo, raça, origem hispânica, educação, renda ou naturalidade) ou do indicador de saúde (saúde regular ou ruim, limitações nas atividades, dores lombares, dores de cabeça, sofrimento psíquico grave, tabagismo ou inatividade física no período de lazer), os adultos casados se mostraram, em geral, mais saudáveis do que os adultos de outros estados civis. [...] O único indicador de saúde negativo em que os adultos casados tiveram uma incidência mais alta foi o sobrepeso ou a obesidade.[18]

Esse estudo descobriu que adultos casados eram menos predispostos a sofrer com problemas de saúde, como dores de cabeça e sofrimento psíquico grave, e também se mostraram menos propensos a adotar comportamentos de risco, como fumar, beber em demasia ou inatividade física.[19]

Existem várias causas que podem explicar a relação entre casamento e saúde. Para os homens – que se favorecem dos maiores benefícios de saúde decorrentes do casamento – as razões parecem óbvias: as esposas atormentam seus maridos para consultar o médico e desencoraja comportamentos prejudiciais à saúde, como fumar e beber. Para as mulheres, a melhoria das condições financeiras pode estar entre os fatores mais importantes a contribuir para uma saúde melhor. Contudo, tanto homens como mulheres podem desfrutar dos benefícios da saúde proporcionados pelo casamento simplesmente porque um cônjuge doente pode sentir como se tivesse um motivo para viver, e também devido ao maior cuidado e apoio que recebe do parceiro.[20]

---

[17] Ibid., p. 113.
[18] SHOENBORN, Charlotte A. Marital status and health: United States, 1999-2002. Advance Data from Vital and Health Statistics Number 351, U.S. Department of Health and Human Services, Centers for Disease Control and Prevention, National Center for Health Statistics, 15 de dezembro de 2004. p. 1. Disponível em: http://www.cdc.gov/nchs/data/ad/ad351.pdf.
[19] Shoenborn, p. 1.
[20] Waite e Gallagher, p. 47-77.

O lado mais *sexy* do casamento

Uma piada recorrente na popular série *Um amor de família*, transmitida pela televisão norte-americana na década de 1990, é o constante assédio de Peggy Bundy a seu marido, Al Bundy, por sexo. Para Al, fazer sexo com a esposa é a última obrigação do dia, tarefa que ele trocaria por cair no sofá e assistir televisão.

Porém, alguns podem se surpreender ao ler que – apesar da escassez de imagens de sexo dentro do casamento em uma cultura saturada de imaginário sexual – as mulheres casadas relatam níveis mais altos de atividade e satisfação sexual do que suas colegas solteiras. Em uma pesquisa com 3.500 adultos realizada por Edward Laumann da Universidade de Chicago, 42% das mulheres casadas disseram que o sexo era extremamente gratificante, emocional e fisicamente. Apenas 31% das mulheres solteiras que possuíam um parceiro sexual relataram o mesmo nível de satisfação.[21]

Morar junto não é o mesmo que casar

Algumas jovens podem pensar que não precisam do casamento para ter o seguinte benefício: morar junto ou viver com sua cara-metade, que oferece os mesmos propósitos do casamento, ao mesmo tempo que dispensa as desvantagens do compromisso e a possibilidade de ter de legalmente se divorciar.

Muitos mais norte-americanos estão preferindo morar juntos. Em 1970, cerca de 500 mil casais heterossexuais viviam juntos; hoje, são mais ou menos 5 milhões de casais. Mais de 50% de todos os casais que se casaram este ano haviam vivido juntos.[22] Poucos preferem morar juntos indefinidamente; a maioria ou se casa ou se separa no prazo de cinco anos. Cerca da metade dos relacionamentos desse tipo termina em casamento, enquanto a outra metade acaba em separação.

Existem muitas razões para explicar a onda de casais que optam por não se casar – ou, pelo menos, por adiar o matrimônio para depois de terem vivido juntos. Considerando que o sexo antes das núpcias já não é tabu na sociedade norte-americana, viver juntos se tornou muito mais socialmente aceitável. Além disso, muitas pessoas optam por esse tipo de relacionamento com base em fatores financeiros, como a possibilidade de economizar no aluguel e dividir outras despesas. A incidência do divórcio e o desejo de evitar um casamento impensado podem também motivar as pessoas a morar juntas como uma tentativa de avaliar melhor se o casal é compatível a longo prazo.

Essas tentativas de evitar o divórcio preferindo primeiro morar juntos podem decepcionar ao tomarmos conhecimento de que as pesquisas sugerem que viver

---

[21] Ibid., p. 82.
[22] WARTIK, Nancy. The perils of playing house. *Psychology Today*, julho/agosto de 2005.

sob o mesmo teto pode aumentar as probabilidades de divórcio. Os casais que vivem juntos antes do casamento, assim como os que não vivem, têm o dobro de probabilidade de se divorciar e relatam mais brigas, menos satisfação e uma comunicação pior.[23]

Nancy Wartik, escrevendo sobre o fenômeno da coabitação na revista *Psychology Today*, oferece a seguinte explicação:

> Por que alguma coisa que parece tão potencialmente sensata seria tão prejudicial? É provável que a explicação preponderante seja a hipótese da inércia, a ideia de que muitas pessoas escorregam para o casamento sem jamais tomar uma decisão explícita de se comprometer. Nós nos mudamos juntos, nós nos acomodamos, e muito em breve o casamento começa a aparecer como o caminho da menor resistência. Mesmo se o relacionamento for apenas tolerável, a próxima etapa começa a parecer inevitável.
>
> Considerando que temos diferentes padrões para parceiros com quem dividimos a casa e para parceiros com quem dividimos a vida, podemos acabar nos casando com alguém que jamais teríamos considerado para ser nosso companheiro de estrada.[24]

Wartik analisa como o fato de um casal morar junto pode levar alguns homens e mulheres a se casar "mais por culpa ou medo do que por amor".

Jennifer Roback Morse também analisa como o ato de viver junto – que coloca dois indivíduos em uma tal situação de intimidade em que eles não apenas fazem sexo, mas também dormem juntos todas as noites – ajuda a criar um "compromisso químico involuntário". Enquanto o propósito original de dividir o mesmo teto pode ter sido o de expor as falhas que desaconselhariam o casamento, na verdade pode deixar o casal menos disposto a romper o relacionamento, mesmo que imperfeito, aumentando o sentimento de união.[25]

Morar juntas pode levar as pessoas a fazer um casamento impensado, mas o contrário também pode acontecer. Muitas jovens que decidem viver com um homem esperam que a situação leve ao casamento – pesquisadores descobriram que as mulheres são mais propensas do que os homens a ver essa opção como um passo em direção ao altar –, mas descobrem que seu parceiro tem expectativas diferentes.[26] Uma vez que se mudam e investem mais tempo no relacionamento na esperança de se casarem depois, as mulheres se tornam mais relutantes em discutir a questão do matrimônio ou, em última análise, em abandonar o relacionamento e voltar a enfrentar a vida de solteira. Novamente, as questões relativas à idade e à

---

[23] Ibid.
[24] Ibid.
[25] MORSE, Jennifer Roback. *Smart sex: finding life-long love in a hook-up world*. Dallas: Spence Publishing Company, 2005. p. 50.
[26] Ibid., p. 99.

fertilidade contribuem para essa dinâmica, fazendo as mulheres mais vulneráveis e menos poderosas.

Os relacionamentos do tipo viver juntos também deixam de oferecer a segurança de uma união estável, considerando que são, pela própria natureza, menos seguros do que casamento. Usando a metáfora do carro, Morse afirma que é como levar o relacionamento (ou a outra pessoa) para um *test drive*.[27] Espera-se que o indivíduo procure agir exatamente como faria se fosse casado, de maneira que a outra parte possa avaliar sua qualificação como cônjuge. Se você, de alguma maneira, não corresponder às expectativas de seu parceiro, poderá ser devolvida, sem nenhum ressentimento. Claro, é difícil agir exatamente como você faria sem a existência de um compromisso real – você pode tentar demonstrar um bom desempenho a fim de ser considerada como "material para casamento" ou reservar uma parte de si mesma para que se sinta menos vulnerável no caso de ser considerada não qualificada.

Introdução aos Estudos sobre a Mulher:
Você ganha nota 10 se não se casar

As mulheres precisam ser induzidas ao casamento e à maternidade institucionalizados. [...] Ela tem de ser ensinada que sem um homem a seu lado é incompleta e que sem o casamento e a maternidade ela não pode encontrar nenhuma satisfação duradoura. Com seus desejos e suas oportunidades na vida assim restringidos, uma mulher é preparada para não se rebelar contra as desigualdades domésticas. O feminismo promove essa rebelião.
– Mary F. Rogers e C. D. Garrett, *Who's Afraid of Women's Studies: Feminisms in Everyday Life*
[Quem tem medo dos estudos sobre a mulher: os feminismos na vida cotidiana]

GPI

Tornou-se politicamente correto para a sociedade não diferenciar entre os casais que vivem juntos e aqueles que são casados. No entanto, é importante que as jovens saibam que viver juntos e estarem casados não são a mesma coisa. Apenas morar com seu parceiro não oferece as mesmas vantagens que o casamento, e pode colocar as mulheres no caminho indesejado para um matrimônio impensado, ou para matrimônio nenhum.

---

[27] Ibid., p. 98.

Mais do que apenas marido e mulher

O casamento faz mais do que apenas beneficiar aqueles que optam por se amarrar: ele também afeta a sociedade. Essa é uma das razões pelas quais o casamento é celebrado em muitas culturas em todo o mundo.

A celebração que envolve o casamento recebe as mais severas críticas das feministas. A aversão de Jaclyn Geller ao casamento se concentra sobre o que ela vê como a importância exagerada que a sociedade atribui à união, cobrindo aqueles que decidem se casar com presentes, festas e atenção. Nenhum outro tipo de relacionamento recebe uma aprovação e um apoio assim manifestos de maneira tão clara.

No livro *The New Single Woman* [A nova solteira], E. Kay Trimberger, professora de estudos da mulher e de gênero na Universidade Estadual de Sonoma, exalta a vida das mulheres solteiras e exorta a sociedade a reconhecer e validar as escolhas daquelas que renunciam ao casamento.[28] Ao contrário de Geller, Trimberger não é avessa ao casamento, mas simplesmente procura erradicar o persistente estigma social e os estereótipos associados a uma mulher solteira. Trimberger levanta muitas questões válidas e celebra a influência importante que a amizade e a família podem ter na criação de uma vida rica para aquelas que preferem não se casar.

Contudo, Geller e Trimberger ignoram as vantagens únicas que o casamento traz para a sociedade. O casamento *é* diferente de qualquer outro relacionamento: é um contrato que comporta uma série de obrigações legais e sociais que afetam a todos.

Cada um dos cônjuges é legalmente obrigado a assumir a responsabilidade financeira por seu parceiro. Como foi discutido antes, Warren e Tyagi afirmam que os cônjuges são essencialmente uma apólice de seguros para o caso de um dos dois perder o emprego, ficar doente ou inválido. Isso não apenas beneficia os cônjuges, mas o restante da sociedade, que pode ser obrigado a ajudar uma pessoa que sofre esse tipo de perda.

The New Single Woman explica como as pessoas solteiras estabelecem relacionamentos baseados na confiança mútua e na interdependência que dividem semelhanças importantes com o casamento. Com certeza, isso é verdade, mas essas relações não se comparam às obrigações legais e sociais assumidas em uma união formal. Devem existir grandes exemplos de generosidade e comprometimento entre amigos, mas esses relacionamentos não são tão confiáveis como o casamento.

Trimberger dedica um capítulo para discutir como os grupos de amigos ajudam-se mutuamente em casos de doença e até de morte. Por isso, ela enfatiza a importância de se construir um grupo de apoio mais amplo, considerando que é

---

[28] TRIMBERGER, E. Kay. *The new single woman.* Boston: Beacon Press, 2005.

"irreal" presumir que o melhor amigo será capaz de satisfazer todas as necessidades em um momento de crise como esses.

Está aí uma grande diferença com o casamento. Evidente que um cônjuge não será necessariamente capaz de satisfazer todas as necessidades de seu parceiro, mas poderá se beneficiar do amor e do apoio de uma rede de parentes e amigos. Contudo, é certo que o cônjuge é responsável por cuidar de seu marido ou esposa doente e por suportar o fardo mais pesado. Seria socialmente inaceitável fazer o contrário. Uma mulher que abandona o marido no momento em que ele é atingido por uma doença enfrentaria uma significativa pressão social e a desaprovação por parte de amigos e da família. Há momentos em que os cônjuges falham uns com os outros, mas a maior parte dos votos de "na doença e na saúde" é levada a sério. A sociedade reforça essa expectativa não apenas por razões morais, mas porque ajuda a preservar a ordem e reduz as responsabilidades que cabem a cada um.

A sociedade também tem interesse em sustentar a importância do casamento devido a sua tarefa singular de educar a geração futura. As provas são evidentes de que as crianças criadas em um casamento estável são menos propensas do que as criadas fora dele a cometer crimes, a abusar de álcool e de drogas, a ter filhos fora do casamento e a abandonar a escola. Em resumo, os filhos de pais casados têm uma probabilidade bem menor de acabar como parasitas na sociedade e têm maior propensão a se tornar cidadãos produtivos. É nosso interesse estimular as uniões estáveis para aumentar o bem-estar em nossa sociedade.

Isso não significa que as pessoas solteiras devam ser estigmatizadas, mas ajuda a explicar por que o casamento tem um lugar especial em nossa cultura. Não é simplesmente porque adoramos uma cerimônia e queremos festejar uma ocasião que promete levar a felicidade a dois indivíduos: é de nosso interesse coletivo perpetuar uma cultura que valoriza os casamentos saudáveis.

Um Livro que Não Era para Você Ler

Smart Sex: Finding Life-Long Love in a Hook-Up World [Sexo inteligente: encontrando o amor de toda a vida no mundo do "ficar"], de Jennifer Roback Morse. Dallas: Spence Publishing Company, 2005.

Conclusão

O casamento não é para todos. As mulheres solteiras podem e de fato têm uma vida de realizações. Contudo, as jovens que procuram um casamento estável devem saber que seu impulso não é simplesmente o efeito de uma sociedade opressora – antes, é um propósito natural da vida, compatível com a esperança de alcançar a felicidade, a segurança financeira e uma boa saúde duradouras.

Capítulo Oito

O divórcio

A maior parte da cultura de massa e da mídia reconhece o interesse de se *estar* casado, mas pouco diz a respeito da importância de se *permanecer* casado. Hoje, é geralmente aceito que um casamento deve ser mantido apenas pelo tempo em que o casal acredita que a união lhe traz felicidade. O divórcio é visto como o fim adequado para as uniões que não trazem mais nenhuma realização pessoal.

Veja só!

 Muitas mulheres se arrependem depois do divórcio e gostariam de ter dado outra chance a seu casamento.
 O divórcio é um grande risco para as mulheres que procuram a felicidade duradoura.
 Pesquisas mostram regularmente que os filhos do divórcio são mais propensos a sofrer de patologias e a exibir comportamentos antissociais.

Algumas vezes, o divórcio é inevitável. Contudo, esse é um passo que não deve ser dado sem muita reflexão. As jovens que pensam em casamento podem ver o divórcio como um "novo começo" – uma maneira fácil de reverter a decisão de se casar no caso de o relacionamento não se realizar como haviam esperado. Porém, o divórcio não é um novo começo. Não existe garantia de felicidade futura, e muitas mulheres descobrem que trocaram um conjunto de problemas por outro.

E, embora já não seja politicamente correto pedir a um casal para refletir sobre como o divórcio pode afetar seus filhos, os pais que estão avaliando se colocam um ponto-final em seu casamento devem estar conscientes do potencial impacto do divórcio a longo prazo. Pesquisas sugerem que as crianças cujos pais se divorciaram enfrentam problemas imediatos em consequência desse rompimento e continuam a sofrer os efeitos do divórcio ao longo de suas vidas.

A mudança de atitude da sociedade em relação ao divórcio

Cada vez mais, a sociedade tem aceitado o divórcio, mesmo quando diz respeito a famílias com filhos. Em 1962, apenas metade das mulheres discordava da seguinte afirmação: "Quando há filhos na família, os pais devem permanecer juntos, mesmo se não se dão bem". Quinze anos depois, mais de oito em cada dez mães entrevistadas discordavam dessa mesma afirmação – em outras palavras, menos de duas em dez acreditavam que um casal deveria ficar junto para o bem dos filhos.

O divórcio se tornou um evento bastante comum na mídia. Do casamento de 24 horas da cantora pop norte-americana Britney Spears, realizado em Las Vegas, à saga cuidadosamente registrada da separação dos atores norte-americanos Brad Pitt e Jennifer Aniston, os tabloides e as revistas de entretenimento cobrem como se fossem uma diversão os matrimônios de celebridades, os divórcios que logo se seguem e os relacionamentos que vêm depois e que, em geral, começam antes de o primeiro terminar. O divórcio é comum no cinema e na televisão, que, muitas vezes, exibem os efeitos dramáticos de uma separação em pessoas da família, mas raramente a decisão de romper o casamento é questionada.

O filme *Lado a lado*, por exemplo, aborda as tumultuadas consequências do divórcio. Luke, o pai (interpretado por Jack Harris), esforça-se para aproximar seu novo amor, Isabel (interpretada por Julia Roberts), bem mais jovem do que ele, de seus filhos, enquanto sua ex-esposa, Jackie (interpretada por Susan Sarandon), descobre que tem um câncer em estágio terminal.

Lado a lado explora a mudança de relacionamento entre as duas mulheres, bem como a difícil adaptação que as crianças enfrentam à medida que precisam lidar com a chegada de um novo membro à família e a suas vidas, ao mesmo tempo que a sua mãe está partindo. As crianças expressam uma grande frustração por sua impotência – o divórcio de seus pais e o novo casamento do pai ocorreram sem que fossem consultadas. Contudo, os adultos que assistem devem compreender que esse casamento estava condenado, que o divórcio era necessário e que as crianças, em última análise, ficarão bem porque seus pais terminaram uma união infeliz.

Não são apenas os filmes de Hollywood ou as superestrelas volúveis que fazem o divórcio parecer o fim natural dos casamentos que não são felizes. Até mesmo a famosa cantora cristã norte-americana Amy Grant, que se divorciou depois de uma união de dezesseis anos, foi orientada por um conselheiro que o casamento só deve ser mantido se ambos os parceiros estiverem felizes. Em uma entrevista para a revista *ChristianityToday*, Grant explicou:

> "[Deus] não criou essa instituição [do casamento] para que Ele pudesse apenas unir as pessoas. Ele o criou para que as pessoas pudessem ser felizes ao máximo umas com as outras".

E ela mesma acrescenta:

> "Se você tem duas pessoas que não estão progredindo de uma maneira saudável em determinada situação, eu digo que o melhor é terminar o casamento. Deixe-as curar as feridas".[1]

É evidente que o divórcio – antes visto como um tabu e o absoluto último recurso para um casal de fato infeliz – passou a ser naturalmente aceito como o desfecho apropriado para as uniões imperfeitas.

Facilitando o divórcio; mudando o casamento

Não apenas o estigma associado ao divórcio foi minimizado, se não totalmente eliminado, mas as leis nos Estados Unidos também mudaram para facilitá-lo. Durante as décadas de 1970 e 1980, todos os cinquenta estados norte-americanos adotaram as leis do divórcio "sem culpa", dando aos casais a opção de requerer o divórcio sem precisar alegar que o outro cônjuge, de alguma maneira, "quebrou" o contrato de casamento por cometer adultério, um crime grave ou abusos.

À medida que o divórcio ficou mais fácil, tornou-se mais comum. Desde 1960, o número desse tipo de separação disparou, mais que dobrando ao longo de quinze anos. A taxa de divórcio alcançou seu pico em 1980, passando a diminuir gradativamente nos últimos vinte anos.[2]

Essas mudanças na lei do divórcio não são totalmente responsáveis pelo aumento no número de separações; uma série de outros fatores – da revolução sexual

---

[1] ZOBA, Wendy Murray. Take a little time out. *ChristianityToday*, 7 de fevereiro de 2000. Disponível em: http://www.christianitytoday.com/ct/2000/002/34.86.html.

[2] WHITEHEAD, Barbara Dafoe, POPENOE, David. *The state of our unions: the social health of marriage, 2004*. The National Marriage Project, 2004, p. 15. Disponível em: http://marriage.rutgers.edu/Publications/SOOU/TEXTSOOU2004.htm.

ao aumento do emprego e da independência financeira femininos – também tiveram influência em sua disseminação. Porém, com certeza, essas mudanças na lei ajudaram a fazer do divórcio uma opção mais conveniente para muitos casais.

> **No Cinema**
>
> "Você nunca me perguntou se eu queria uma nova mãe.
> Você nunca nem me perguntou se eu gostava dela!"
> – Anna Harrison, *Lado a lado*
>
>
>
> GPI

Essa crescente disponibilidade e aceitação do divórcio inegavelmente tem mostrado alguns resultados positivos, como o fato de ter dado a mulheres e homens mergulhados em uniões verdadeiramente infelizes ou abusivas uma maior oportunidade para se desvencilhar da situação e uma nova chance de buscar o amor e a felicidade. Entretanto, a revolução do divórcio também impôs elevados custos sobre a sociedade e a família.

Em essência, o casamento é um contrato cuja importância se torna clara no momento em que os casais chegam aos tribunais para requerer o divórcio; contudo, esse contrato também afeta a maneira como os casais se comportam antes e durante seu casamento. Em uma união formal, os parceiros investem substancialmente uns nos outros ao entrelaçar suas finanças e ao tomar decisões no interesse do casamento, e não apenas no interesse de cada um. Isso vale sobretudo para a mulher, que faz significativos sacrifícios pessoais, como abrir mão de uma carreira para cuidar dos filhos, para beneficiar o casal com o entendimento de que o marido proverá o sustento financeiro de longo prazo.

Até mesmo certos estudos sobre a mulher admitem que a maior facilidade de acesso ao divórcio tem sido uma faca de dois gumes para as mulheres. O texto que segue revela uma tendência que assume que a mulher é a parte inocente, mas a lógica é válida tanto para a esposa como para o marido ofendidos:

> Embora essa mudança tenha facilitado a obtenção do divórcio, esse procedimento tem suas armadilhas. Consideremos a dona de casa que tenha sido vítima de maus-tratos ou que tenha descoberto que o marido costuma traí-la. Em outros tempos, ela poderia ter acusado o marido dessas faltas e, então, requerido o divórcio com base em sua culpa. Como parte inocente, provavelmente ela teria recebido uma parcela considerável do patrimônio do casal. Por outro lado, sob o atual sistema, se essa mesma mulher e seu marido se separarem sob a lei do divórcio sem culpa, não há razão para o tribunal conceder a ela nada mais do que sua parte regulamentar.[3]

---

[3] SAPIRO, Virginia. Women in American society: an introduction to women's studies. 4ª ed. Mountain View, Califórnia: Mayfield Publishing Company, 1999, p. 397.

O governo dos Estados Unidos pode ter criado uma maneira nova e mais fácil de dissolver um casamento com o sistema do divórcio sem culpa, mas nesse processo eliminou uma opção: as pessoas não poderiam mais assumir um contrato de casamento que limitasse as maneiras pelas quais a união poderia ser dissolvida.

Alguns estados estão procurando resolver esse problema, oferecendo contratos alternativos de casamento. Em 1997, a Louisiana aprovou a lei da aliança matrimonial (*covenant marriage*), que deu aos casais a possibilidade de celebrar um contrato de casamento que apresentasse mais restrições sobre as maneiras pelas quais esse contrato poderia ser dissolvido. Vários outros estados norte-americanos têm seguido o exemplo.

Antes de analisar de que maneiras as políticas públicas poderiam reduzir o número de divórcios, devemos determinar se o divórcio é mesmo um problema. Se a maior facilidade de se obter uma separação significar que as pessoas estão encontrando uma felicidade maior, então o aumento de divórcios não poderá ser motivo de preocupação. Se os filhos de pais separados realmente não ficarem em uma situação difícil, então a sociedade não precisará se preocupar com seu destino e deverá presumir que pais felizes é igual a filhos felizes.

No entanto, como este capítulo revela, pesquisas que avaliam o impacto do divórcio sobre os ex-cônjuges e seus filhos sugerem que *há* motivos para preocupação, pois o divórcio prejudica muitas pessoas e seus filhos.

O divórcio aumenta as chances de uma mulher alcançar a felicidade?

A visão politicamente correta do divórcio é que, uma vez que as mulheres superem o turbilhão inicial de uma decepção amorosa, o melhor que elas podem fazer é se livrar de um relacionamento infeliz. É bem conhecido o fato de que as mulheres, com frequência, enfrentam sérias dificuldades financeiras depois de um divórcio, mas há uma expectativa de que sua vida pessoal melhore após o rompimento.

O livro *Coragem para ser feliz: quando a separação é uma ousadia necessária*, de Ashton Applewhite, mostra como o divórcio favorece as mulheres. A autora entrevistou cinquenta mulheres que haviam iniciado seus divórcios e que se candidataram para participar da pesquisa respondendo a anúncios ou por meio de boca a boca. Por isso, afirma a autora, elas não são, de maneira nenhuma, estatisticamente representativas da população feminina de divorciadas como um todo. No entanto, ela usa as histórias delas para fundamentar a ideia de que as mulheres que se separam tendem a se fortalecer com a experiência, deixando suas vidas mais felizes e mais cheias de realizações.

A perspectiva de Applewhite do casamento tradicional é sombria: "Essas mulheres vieram a perceber que o casamento tradicional serve ao marido, e a esposa serve ao casamento – e que a independência supera a servidão".[4] A autora discute

---

[4] APPLEWHITE, Ashton. *Coragem para ser feliz: quando a separação é uma ousadia necessária*. Rio de Janeiro: Rocco, 1998.

> **Aconteceu em *Friends*:**
>
> **Ross:** Primeiro divórcio: minha esposa escondeu sua sexualidade, não foi minha culpa. Segundo divórcio: eu disse o nome errado no altar, foi... tipo... minha culpa. Terceiro divórcio: eles não deviam deixar você se casar quando você está bêbado daquele jeito e com a cara toda pintada, a culpa é do estado de Nevada.

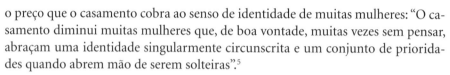

o preço que o casamento cobra ao senso de identidade de muitas mulheres: "O casamento diminui muitas mulheres que, de boa vontade, muitas vezes sem pensar, abraçam uma identidade singularmente circunscrita e um conjunto de prioridades quando abrem mão de serem solteiras".[5]

O livro, de fato, discute algumas das dificuldades que as mulheres enfrentam durante o processo de divórcio: do desafio de transitar pelo terreno jurídico às muitas preocupações, incluindo o medo de perder o controle dos filhos, os novos problemas financeiros e inseguranças em relação a encontrar novos amores e relacionamentos. Porém, Applewhite enfatiza as muitas recompensas que as mulheres recebem depois de se libertarem de um casamento problemático, o orgulho de retomar sua vida, a independência e a felicidade:

> O fim de um casamento é uma perda, mas não um fracasso. Ao contrário, é uma vitória – sobre o comodismo, o terror, a conformidade, a insegurança e inúmeros outros demônios. Cada mulher que fala nestas páginas sofreu demais. Muitas gostariam de ter deixado seus casamentos antes, mas tiveram de esperar até que tivessem reunido recursos financeiros ou emocionais. Elas estão orgulhosas de si mesmas por terem enfrentado a situação, e nenhuma delas sente nenhum arrependimento.[6]

A experiência das entrevistadas de Applewhite é representativa da experiência da maioria das mulheres?

A verdade é que o divórcio é um grande risco para as mulheres que procuram a felicidade duradoura. Um grupo de pesquisadores analisou os dados do Levantamento Nacional de Famílias e Unidades Domésticas dos Estados Unidos (uma pesquisa nacional representativa) para avaliar se o divórcio era geralmente associado a um aumento da felicidade. Eles se concentraram nos cônjuges que haviam classificado seu casamento como "infeliz" em uma entrevista inicial e que foram

---

[5] Ibid.
[6] Ibid.

entrevistados de novo cinco anos depois. Durante esse período, alguns se divorciaram, outros se separaram e ainda outros permaneceram casados.[7] Os pesquisadores concluíram que: "Os casados infelizes que se divorciaram ou se separaram não eram mais felizes, em média, do que os casados infelizes que permaneceram casados. Mesmo os cônjuges infelizes que se divorciaram e se casaram outra vez não eram mais felizes, em média, do que os cônjuges infelizes que permaneceram casados".[8]

Assim como a própria vida, os casamentos tendem a oscilar entre a felicidade e a infelicidade. Muitas uniões que foram infelizes durante o primeiro levantamento nacional melhoraram muitíssimo cinco anos depois, ao mesmo tempo que muitos casais em casamentos estáveis e felizes ou haviam se divorciado ou se tornado infelizes durante esse período. Na verdade, cerca de três em cada quatro divórcios que se verificaram entre as entrevistas aconteceram com os casais que tinham afirmado ter um relacionamento feliz cinco anos antes. Muitos casamentos infelizes haviam visto drásticas reviravoltas: os pesquisadores estimam que dois em cada três casados infelizes que evitaram o divórcio ou a separação relataram ter um casamento feliz durante os cinco anos que se seguiram à entrevista.[9]

De maneira semelhante, Linda Waite e Maggie Gallagher afirmam em *The Case for Marriage* [Em defesa do casamento] que 86% das pessoas casadas que disseram ser infelizes em seu casamento, mas que permaneceram juntas, informaram níveis mais altos de felicidade conjugal cinco anos depois. Por outro lado, alguns dos piores casamentos mostraram as mais radicais transformações, levando as autoras a concluir: "A infelicidade conjugal permanente é surpreendentemente rara entre os casais que persistem".[10]

De que maneira esses casais infelizes inverteram seus casamentos? Os pesquisadores resolveram responder a essa pergunta e conduziram entrevistas com grupos focais formados por 55 maridos e esposas antes infelizes, cujos relacionamentos haviam melhorado drasticamente. Eles descobriram que muitos dos então felizes cônjuges tinham suportado períodos de problemas significativos – como infidelidade, abuso verbal, negligência emocional e alcoolismo –, mas que esses mesmos casais haviam simplesmente sobrevivido a esses problemas. Os casais explicaram que, com o tempo, "muitas das causas de conflito e sofrimento foram amenizadas".[11]

---

[7] WAITE, Linda J., BROWNING, Don, DOHERTY, William J., GALLAGHER, Maggie, LUO, Ye, STANLEY, Scott M. *Does divorce make people happy? Findings from a study of unhappy marriages*. Institute for American Values, 2002, p. 4.
[8] Ibid.
[9] Ibid., p. 5.
[10] Waite e Gallagher, p. 149.
[11] Waite, Browning, Doherty, Gallagher, Luo e Stanley, p. 6.

Nenhum desses pesquisadores condena o divórcio ou deixa de reconhecer a situação ruim em que se encontravam muitas uniões. No entanto, eles advertem que, com o divórcio, as pessoas estão, muitas vezes, trocando um conjunto de fatores que causam a infelicidade por outro conjunto de problemas igualmente sérios. Aqueles que se divorciam têm de enfrentar muitos novos desafios, incluindo a reação de seu cônjuge e seus filhos diante da separação, possíveis batalhas pela guarda das crianças, preocupações com o sustento delas e o cumprimento da regulamentação de visita, novos estresses financeiros, a mudança de casa e a preocupação em criar e manter novos relacionamentos.[12]

Ao contrário do que sugerem as entrevistas feitas por Applewhite, muitas mulheres de fato se arrependem depois do divórcio e gostariam de ter dado outra chance a seu casamento. Uma pesquisa realizada em Nova Jersey concluiu que cerca de metade dos divorciados gostaria que eles e seus companheiros tivessem se esforçado mais para resolver suas diferenças. Quatro em cada dez divorciados em Minnesota disseram que sentiam, pelo menos, algum pesar em relação a seu divórcio, e dois em cada três gostariam que eles e seus cônjuges tivessem se esforçado mais para resolver seus problemas.[13]

Uma das grandes esperanças de muitos daqueles que se divorciam é que irão encontrar um novo relacionamento que será mais gratificante. De fato, a maioria dos divorciados torna a se casar. As taxas de recasamento variam de acordo com a idade: cerca de três quartos das mulheres na faixa dos 20 anos que se divorciam irão se casar de novo; um pouco mais da metade das que estão na faixa dos 30 anos contrairá novas núpcias; menos de um terço na faixa dos 40 anos e apenas pouco mais de uma em cada dez com mais de 50 anos. A idade não tem o mesmo impacto sobre as taxas de recasamento masculino: os homens na faixa dos 40 e poucos anos têm duas vezes mais probabilidades de casar novamente do que as mulheres da mesma idade.[14]

> **Um Livro que Não Era para Você Ler**
>
> *The Case against Divorce* [O caso contra o divórcio], de Diane Medved, Ph.D. Nova York: Ivy Books, 1989.

Ao mesmo tempo que esses números se encaixam na percepção geral de que há menos homens disponíveis para casar com as mulheres divorciadas que são mais

---

[12] Ibid., p. 7.
[13] Ibid., p. 7-8.
[14] Applewhite, p. 246.

velhas, existem muitas explicações possíveis além da disponibilidade de parceiros. As mulheres que passaram da idade fértil ou que já tiveram filhos podem estar menos interessadas em se casar do que as divorciadas mais jovens que ainda desejam construir uma família. As divorciadas mais velhas podem ser financeiramente mais estáveis e, dessa maneira, podem não estar procurando um parceiro que venha a ajudar a prover essa estabilidade financeira.

Se as taxas de recasamento sugerem que encontrar o amor verdadeiro depois do divórcio é comum, as taxas de divórcio para o segundo casamento destrói essa fantasia. Cerca de um quarto de todos os segundos casamentos terminam no prazo de cinco anos, e entre 60% a 85% dessas novas uniões terminam dentro de dez anos.[15] Mesmo Applewhite, que é relativamente otimista a respeito da vida de solteira, admite que, para a maioria das mulheres, estar sozinha tem uma série de vantagens e desvantagens. Ela começa descrevendo a vida de solteira como "animada" e afirma que muitas mulheres florescem na liberdade.[16] Por outro lado, reconhece que muitas divorciadas se sentem solitárias e carentes da companhia masculina.

Muitos homens e mulheres que abandonam um casamento infeliz de fato conseguem encontrar o amor e a felicidade em suas novas vidas. Porém, o mesmo acontece a muitos casais que renunciam ao divórcio e, no seu lugar, resistem e superam os tempos difíceis. As mulheres que consideram o divórcio deveriam manter os olhos bem abertos, conscientes de que existem riscos ao deixar um casamento infeliz, da mesma maneira que existem riscos ao permanecer em um.

E as crianças?

Os casais que decidem se divorciar não são os únicos afetados pela dissolução de seu casamento. O divórcio também tem um profundo impacto sobre os filhos dessa união.

Muitas vezes existe uma desconexão nas discussões sobre os efeitos do divórcio nas crianças. Uma pesquisa constatou que cerca de dois em cada três norte-americanos concordavam que o divórcio "quase sempre ou frequentemente prejudica as crianças", mas a mesma pesquisa também constatou que apenas um em cada três acreditava que os pais deveriam permanecer juntos e não se divorciar se o casamento não estivesse bem.[17]

A maior parte das vezes, levamos muito a sério as pesquisas que sugerem que um certo comportamento poderia afetar de forma negativa nossos filhos. Mes-

---

[15] Ibid., p. 255.
[16] Ibid., p. 249.
[17] Waite, Browning, Doherty, Gallagher, Luo e Stanley, p. 7.

mo antes de um bebê nascer, a futura mãe se debruça sobre livros e revistas que ensinam a melhor maneira de aumentar a saúde e a felicidade de seu filho, desde evitar uma longa lista de alimentos – incluindo sushi, atum, queijos macios e cafeína – até dormir do lado esquerdo e tocar música clássica para sua barriga cada vez maior. As chances de complicações que podem ser causadas por uma xícara de café ou por um molho à base de queijo azul podem ser minúsculas, mas muitas mães não querem cometer nenhum erro.

No entanto, quando o assunto é divórcio, a sociedade se mostra mais disposta a sacrificar os interesses dos filhos para o bem dos pais. Uma das explicações para o porquê de as pessoas poderem minimizar a experiência das crianças diante do divórcio é a ambiguidade do termo "prejudicar". Se o prejuízo sofrido pela criança for semelhante a tomar uma injeção contra o tétano – uma dor temporária que logo desaparece da memória, ao passo que a proteção que oferece dura anos –, então é totalmente adequado minimizar esse mal. Por outro lado, se o prejuízo for grave e duradouro e com efeitos que repercutem por anos, muitos pais poderiam considerar com seriedade manter um casamento menos do que feliz a fim de poupar os filhos dessa experiência.

Existe um pressuposto subjacente a muitas discussões sobre o divórcio de que as crianças podem ter problemas de curto prazo, mas se os pais estiverem mais felizes após a separação, então, em última análise, as crianças também estarão mais felizes. Essa é a perspectiva abordada por Applewhite. As mulheres entrevistadas por essa autora, embora reconhecendo o sofrimento imediato vivido pelos filhos, sentiram, se tanto, que perspectivas de longo prazo das crianças foram reforçadas pelo divórcio.

> Embora cheias de remorso pelo sofrimento que causaram a suas famílias, especialmente logo após o divórcio, as mães entrevistadas para este livro, com uma única exceção, não sentem que a experiência, em última análise, prejudicou seus filhos. De fato, a maioria sente que os filhos efetivamente se beneficiaram da mudança, tanto de maneira previsível como inesperada. Suas experiências refletem o que os estudos – incluindo uma pesquisa de vinte e um anos com vinte mil famílias – têm demonstrado, mas que, apesar disso, ainda não é conhecimento comum: que o divórcio não precisa prejudicar as crianças.[18]

Applewhite vai mais longe ao descrever a experiência de seus próprios filhos com o divórcio, observando que "embora seu sofrimento seja real e presente, meus filhos estão em uma situação melhor, porque seu pai e eu já não estamos mais juntos".[19]

---

[18] Applewhite, p. 169-170.
[19] Ibid., p. 171.

O efeito colateral do divórcio nas crianças

Embora Applewhite possa estar correta ao afirmar que as pesquisas mostram que o divórcio *não precisa* prejudicar as crianças, o peso das evidências sugere que a maioria dos divórcios, na verdade, realmente *provoca* um impacto negativo duradouro.

Pesquisas costumam mostrar que os filhos do divórcio são mais propensos a sofrer de patologias e a exibir comportamentos antissociais. Os adolescentes de famílias divorciadas são mais propensos do que os jovens de famílias intactas a sofrerem de depressão, a serem expulsos da escola, a terem de repetir uma série, a desenvolverem problemas comportamentais, como roubo, vandalismo ou ociosidade, uso de maconha, cocaína e cigarros, além de se tornarem sexualmente ativos.[20] As crianças criadas em famílias postiças têm três vezes mais chances de serem presas em idade adulta do que aquelas educadas em famílias intactas.[21]

Algumas das mais interessantes evidências sobre os efeitos de longo prazo do divórcio vêm de Judith Wallerstein, que, em cooperação com Julia Lewis e Sandra Blakeslee, escreveu o livro *Filhos do divórcio*. Wallerstein começou a estudar um grupo de 131 crianças e famílias que passavam pelo processo do divórcio em 1971. Ela continuou a reavaliar o grupo periodicamente, primeiro em dezoito meses e, em seguida, cinco, dez, quinze e, finalmente, vinte e cinco anos depois. Na última entrevista, ela conseguiu localizar perto de 80% dos participantes, então já adultos. Além disso, também entrevistou um "grupo de controle" com crianças de famílias intactas (de pais casados) com características sociais semelhantes às do primeiro grupo e cuja vida familiar variava de "harmoniosa a insuportável".[22]

A pesquisa de Wallerstein acaba com o que ela chama de "mitos queridos" sobre o divórcio – ou seja, que pais mais felizes necessariamente levam a filhos mais felizes e que o trauma que as crianças experimentam na época do divórcio é temporário. O trabalho da pesquisadora indica que muitas crianças sofrem depois de um divórcio mesmo que seus pais estejam em uma situação melhor e que os efeitos do divórcio continuam presentes anos e mesmo décadas após a separação.

---

[20] FAGAN, Patrick F., RECTOR, Robert E., JOHNSON, Kirk A., PETERSON, America. *The positive effect of marriage: a book of charts*. The Heritage Foundation, p. 30-40. Disponível em: http://www.heritage.org/Research/Features/Marriage/loader.cfm?url=/commonspot/security/getfile.cfm& PageID=48119.

[21] *The positive effect of marriage: a book of charts*, p. 29. Informações retiradas de HARPER Cynthia, McLANAHAN, Sara. *Father absence and youth incarceration*: paper presented at the annual meeting of the American Sociological Association in San Francisco, agosto de 1998. Dados retirados de National Longitudinal Survey of Youth.

[22] WALLERSTEIN, Judith S., LEWIS, Julia M., BLAKESLEE, Sandra. *Filhos do divórcio*. São Paulo: Loyola, 2002.

Ela se baseia em estudos nacionais que apoiam suas observações e conclui que os filhos do divórcio são mais propensos do que outras crianças a exibir uma série de patologias, incluindo depressão, dificuldades de aprendizagem, atividade sexual precoce e um número maior de gravidez não planejada.

Esse conjunto de dados precisa ser analisado com cuidado. Não é de surpreender que as crianças tenham uma condição melhor em um lar estável e afetuoso do que em um casamento violento que acaba em divórcio. Para uma mulher em um casamento problemático e que considera o divórcio, a opção de um lar estável e afetuoso não está disponível. Ela já tem um relacionamento difícil e, se chegou ao ponto de pensar em divórcio, não tem mais esperanças de que o casamento irá melhorar. Então, ela tem duas opções: permanecer em um casamento cheio de problemas ou se divorciar. O que essa mulher precisa saber é como seus filhos irão reagir diante dessas duas possibilidades.

Wallerstein procura responder a essa questão e identificar qualquer viés nos dados, comparando crianças com características sociais semelhantes. Ela entrevistou grupos de controle compostos por filhos de famílias intactas, algumas das quais eram tão violentas e problemáticas como qualquer família em processo de divórcio que ela encontrou, enquanto em outras os pais eram moderadamente infelizes durante todo o seu casamento, mas preferiram permanecer juntos. Ao comparar esses dois grupos de crianças com criações semelhantes e até com vidas familiares semelhantes, ela foi capaz de determinar como o divórcio em si afetou as crianças:

> Uma em cada quatro crianças participantes deste estudo começou a usar drogas e álcool antes de completar 14 anos de idade. Quando tinham 17 anos, mais da metade dos adolescentes bebia ou usava drogas. Esse número equivale a quase 40% de todos os adolescentes em todos os Estados Unidos. [...]
>
> O sexo precoce era muito comum entre as meninas nas famílias divorciadas. [...] Em nosso estudo, uma em cada cinco teve sua primeira experiência sexual antes dos 14 anos de idade. Mais da metade era sexualmente ativa com múltiplos parceiros enquanto cursava o ensino médio. No grupo comparativo, a grande maioria das meninas adiou o sexo até o último ano do ensino médio ou até seus primeiros anos na faculdade. Aquelas que se iniciaram na atividade sexual tomaram essa decisão como parte de um relacionamento já existente que durou um ano em média.[23]

Wallerstein analisa os vários papéis que as crianças assumem após o divórcio, o que inclui desde cuidar dos irmãos mais novos ou de um dos pais que sofre com a situação até adotar comportamentos associados com o pai ou a mãe ausente. Ela

---

[23] Ibid., p. 188.

destaca como o divórcio reduz o tempo que a criança costuma passa com o pai ou a mãe que já não vive sob o mesmo teto, o que, muitas vezes, resulta em menos acesso ao pai ou à mãe, que está assumindo novas responsabilidades e procurando reconstruir uma vida própria.

Wallerstein adverte aqueles que estão considerando o divórcio a reconhecer que a separação não eliminará os problemas que antes assombrava o casal. Como é de se esperar, ambos os pais continuarão a educar seus filhos, assim, manterão contato e um relacionamento após se divorciar. Em geral, isso significa que os problemas existentes durante o casamento permanecem como elementos importantes após a separação. Wallerstein cita o caso de um adolescente cujo pai abusava emocionalmente da irmã e da mãe, mas que manteve o comportamento abusivo com os filhos mesmo após o divórcio. A pesquisadora conclui: "As experiências de Larry revelam que o divórcio não é a solução rápida que muita gente pensa que é para um casamento ruim. Os casamentos altamente conflituosos em geral resultam em famílias altamente conflitousas após o divórcio".[24]

> **Um Livro que Não Era para Você Ler**
> *Filhos do divórcio*, de Judith S. Wallerstein, Julia M. Lewis e Sandra Blakeslee. São Paulo: Loyola, 2002.

As entrevistas de Wallerstein com as crianças revelaram que, embora muitas vezes conscientes de que os pais não são inteiramente felizes ou que, às vezes, brigam, elas valorizavam ter a família intacta. Mesmo as crianças cujos pais mantinham um casamento claramente infeliz costumavam se mostrar chocadas no momento do divórcio e continuavam depois dele a desejar que seus pais voltassem a ficar juntos:

> Quando observamos os milhares de crianças que minhas colegas e eu entrevistamos em nosso centro desde 1980, a maioria das quais era proveniente de casamentos moderadamente infelizes que terminaram em divórcio, uma mensagem é clara: as crianças não dizem que estão mais felizes. Ao contrário, afirmam categoricamente: "O dia em que meus pais se divorciaram é o dia em que minha infância terminou".[25]

Talvez o aspecto mais interessante da pesquisa de Wallerstein seja sua descoberta de que os problemas do divórcio durante a infância não são o fim da trilha, mas um

---

[24] Ibid., p. 90.
[25] Ibid., p. 26.

prelúdio para o que as crianças irão enfrentar depois de adultas, para Wallerstein, momento esse em que se pode ver o impacto mais sério.[26] Ela descreve o efeito do divórcio sobre as crianças como uma "experiência cumulativa" que afeta cada etapa de seu desenvolvimento, mas de maneira mais profunda quando as crianças crescem e procuram estabelecer os próprios relacionamentos amorosos e duradouros: "Sua falta de imagens interiores de homem e mulher em um relacionamento estável e suas lembranças do fracasso de seus pais em manter o casamento prejudicam muito sua busca, levando-as à decepção e até mesmo ao desespero".[27]

Não é que os filhos do divórcio sejam menos comprometidos com a ideia do casamento, mas, ao contrário das crianças criadas em famílias intactas, eles têm expectativas mais baixas e menos exemplos de casamentos que dão certo. De fato, sem o modelo positivo de pais que permaneceram casados, os filhos, muitas vezes, irão repetir muitos dos erros cometidos pelos pais e também terminar se divorciando, mesmo se seu desejo for o de manter um casamento estável.

Wallerstein é cautelosa em aconselhar os pais, ressalvando que "não conheço nenhuma pesquisa, a minha inclusive, que diz que o divórcio é universalmente prejudicial às crianças".[28] Ela também salienta que algumas crianças relatam ter tirado certos benefícios da experiência, como terem se tornado mais independentes e autossuficientes: "Enfim, vemos que muitos filhos do divórcio estão mais fortes para lutar por suas coisas. Eles pensam em si mesmos como sobreviventes que aprenderam a confiar em seu próprio julgamento e a assumir a responsabilidade por si mesmos e pelos mais jovens".[29]

No final, ela conclama os pais a analisar com cuidado a decisão de se divorciar e a ver a separação como um último recurso. Analisa algumas crianças que foram criadas em famílias infelizes, porém intactas. Nesse caso, os pais tinham queixas muito concretas sobre seu casamento e poderiam ter considerado o divórcio, mas preferiram permanecer juntos:

> Seus casamentos não eram tão explosivos, caóticos ou inseguros a ponto de marido e mulher sentirem que viver juntos era insuportável. O que podemos aprender com eles? [...] Se esse é seu caso, acredito que você deveria seriamente pensar em manter seu casamento para o bem de seus filhos.[30]

---

[26] "Ao contrário do que há muito pensávamos, o maior impacto do divórcio não ocorre durante a infância ou a adolescência. Em vez disso, ele surge na vida adulta à medida que os relacionamentos amorosos sérios tomam o centro do palco". Ibid., p. XXXV.
[27] Ibid., p. 299.
[28] Ibid., p. XXXIX.
[29] Ibid., p. XXXVII.
[30] Ibid., p. 307.

Esse não é um conselho politicamente correto – e, com certeza, não é o que muitos homens e mulheres desejam ouvir –, mas é um bom conselho de qualquer maneira.

Conclusão

As mulheres que pensam em divórcio – e até mesmo as jovens que pensam em casamento – devem conhecer os problemas normalmente associados ao divórcio que afetam os filhos e os próprios divorciados.

Isso não significa que as mulheres devem evitar o divórcio a qualquer custo. Sem dúvida alguma, existem casos em que as vantagens de uma mulher e seus filhos deixarem um relacionamento conturbado superam as desvantagens. Porém, é importante que as mulheres tenham consciência dos possíveis problemas que ela e seus filhos poderão vir a enfrentar no futuro ao tomar a decisão de terminar um casamento que pode não ser tão sem esperanças como parece.

Capítulo Nove

Os fatos sobre a fertilidade

A infertilidade afeta mais de 6 milhões de norte-americanos ou cerca de 10% da população em idade reprodutiva. Embora muitos fatores influenciem a saúde reprodutiva de uma pessoa, a idade tem um papel importante na capacidade de uma mulher engravidar.

Conhecer os fatos sobre sua saúde e seu corpo é universalmente reconhecido como senso comum básico. No entanto, quando se trata da reprodução humana, a política pode se sobrepor ao senso comum.

Veja só!

- Muitas mulheres têm sido levadas a acreditar que podem adiar a maternidade sem nenhuma consequência.
- O movimento feminista organizado e os programas de estudos sobre a mulher praticamente nada fazem para tratar da falta de informações sobre a infertilidade relacionada à idade.
- Uma mulher saudável de 30 anos de idade tem 20% de chances de engravidar em um determinado mês. Dez anos mais tarde, com 40 anos, portanto, a chance de essa mesma mulher ficar grávida é de apenas 5%.

Fertilidade e envelhecimento: fora dos limites de nossa cultura politicamente correta

Em 2001, a Sociedade Norte-Americana de Medicina Reprodutiva – a maior associação profissional de especialistas em fertilidade dos Estados Unidos – lançou uma campanha publicitária destinada a promover uma maior conscientização sobre os fatores que afetam a fertilidade feminina. Os anúncios se concentravam em quatro questões: tabagismo, doenças sexualmente transmissíveis (DSTs), obesidade e idade, que afetam a capacidade de conceber das mulheres.

Ninguém se opôs a discutir os problemas associados a tabagismo, obesidade e DSTs. Já a questão da idade detonou uma explosão.

Os ônibus da cidade de Nova York estamparam mamadeiras em forma de ampulheta com o leite – que representava o tempo – escorrendo. A imagem era certamente provocativa. Como a maioria das campanhas publicitárias, a ideia era fazer as mulheres falarem sobre a questão e estimulá-las a procurar mais informações.

O texto do anúncio era mesmo bastante direto. O título dizia: "A idade diminui sua capacidade de ter filhos". E o texto continuava: "Embora as mulheres e seus parceiros devam ser os únicos a decidir a melhor hora para (e se devem) ter filhos, as mulheres na faixa dos 20 anos e início dos 30 têm maior probabilidade de conceber. A infertilidade é uma doença que afeta 6,1 milhões de pessoas nos Estados Unidos".

A Organização Nacional para Mulheres (NOW) se sentiu indignada. A presidente da organização, Kim Gandy, lamentou: "Com certeza, as mulheres estão bem conscientes do assim chamado relógio biológico. Por isso, não acredito que precisamos de mais pressão para ter filhos".[1] Em uma entrevista realizada na época da campanha, Kim Gandy é retratada como tendo se "mantido inflexível reiterando que existem mulheres na faixa dos 40 anos que não têm problemas para conceber, enquanto outras na faixa dos 20 simplesmente não conseguem ter um bebê".[2]

Em outra manifestação, elaborada com mais cuidado, a essa campanha publicitária, publicada em uma página de opinião no jornal *USA Today*, Gandy enfatizou a importância de as mulheres terem acesso a informações sobre sua saúde: "A NOW louva os bons médicos por procurar informar as mulheres sobre sua saúde, mas acreditamos que eles tomaram o caminho errado – ou seja, responsabilizando as mulheres e seu comportamento por um problema que é causado por muitos fatores, alguns comportamentais, mas não a maioria. A Sociedade Norte-Americana de Medicina Reprodutiva consegue publicidade gratuita, e as mulheres são, mais

---

[1] Ad plays up biological clock. *Chicago Sun-Times*, 7 de agosto de 2001.
[2] HART, Betsy. Delaying motherhood ignores hard realities. *Chicago Sun-Times*, 14 de abril de 2002.

uma vez, levadas a se sentir preocupadas com seu corpo e culpadas em relação a suas escolhas".[3]

Adivinhe qual dos anúncios é politicamente incorreto.

Gandy não explica como a declaração de um fato é uma tentativa de fazer as mulheres se sentirem "culpadas" em relação a suas escolhas. A campanha simplesmente vem relembrar às mulheres que *estão fazendo* uma escolha quando adiam ter filhos e que pode haver consequências indesejáveis. A essência de se fazer uma escolha é compreender plenamente os custos e os benefícios de cada opção. Sem todas as informações relevantes, as mulheres podem tomar decisões que não refletem suas verdadeiras preferências.

Existem razões para acreditarmos que muitas mulheres não reconhecem as escolhas que estão fazendo quando adiam ter filhos. Apesar da acusação de Gandy

---

[3] GANDY, Kim. Campaign goes too far. *USA Today*, 6 de setembro de 2002, p. 14A.

de que a sociedade médica estava motivada por um desejo de "publicidade", um porta-voz explicou que a associação decidiu lançar a campanha porque os médicos estavam cansados de ver mulheres em seus 30 e 40 anos de idade chocadas, frustradas e inconsoláveis ao descobrir que seus sonhos de ser mãe haviam desaparecido.

Nenhum tabu sobre os inconvenientes do fumo

Nem a NOW nem nenhum outro grupo se manifestou contra o anúncio antitabagista de fertilidade, que era muito mais enfático. O cartaz mostrava uma mamadeira sendo usada como cinzeiro. O título trazia um aviso grave: "Se você fuma, este pode ser o único uso para uma mamadeira".

Quando se trata do tabagismo, ninguém segue a lógica de Gandy, ou seja, se o público já conhece os perigos que o cigarro traz para a saúde, não deveria haver mais publicidade batendo na mesma tecla; também ninguém pensa que o tema desse anúncio foi planejado para fazer os fumantes "se sentirem culpados" em relação a suas escolhas. O governo federal dos Estados Unidos investe muito dinheiro em campanhas educativas sobre os perigos do tabagismo, apesar de as pesquisas mostrarem que os norte-americanos estão bem informados sobre esse assunto. É evidente que o pressuposto que sustenta os anúncios antitabagismo é de que é preciso mais do que apenas conhecer os fatos; esses fatos têm de ser repetidos muitas vezes para mudar o comportamento das pessoas.

Não está nada claro que o público feminino realmente conhece os fatos sobre fertilidade. Muitas mulheres têm sido levadas a acreditar que podem adiar a maternidade sem nenhuma consequência e sem se arrepender dessa decisão mais tarde na vida.

Apesar de existirem inúmeros *websites* e fóruns que permitem às mulheres receber e compartilhar informações sobre questões e tratamentos relativos à fertilidade, o declínio natural da capacidade de gerar uma criança raramente aparece nas principais revistas femininas, sobretudo entre aquelas dirigidas ao público na faixa dos 20 anos. A capa da edição de maio de 2005 de *Marie Claire* estampa a alarmante manchete: "30 & Infértil? Por que VOCÊ está em RISCO". A história trata da condição difícil de diagnosticar a chamada falência ovariana prematura (FOP), que pode acometer as jovens e torná-las incapazes de conceber. Também a revista *Nova* de março de 2005 publicou matéria sobre a situação de uma moça de 23 anos de idade que sofria de FOP. Essas matérias são importantes por aumentar a conscientização sobre os problemas da saúde feminina e por ajudar as mulheres a compreender a necessidade de monitorar sua fertilidade, mas fazem pouco para estimular a mulher de 20 ou 30 e poucos anos a considerar o declínio natural da fertilidade.

> **Sem Questão**
>
> "Fertilidade e envelhecimento 'é uma não questão'."
>
> – **Julie Shah**, codiretora, Fundação Terceira Onda
> (uma organização que representa jovens feministas)

A edição de março de 2005 de *Glamour* oferece às leitoras algumas dicas sobre como *não* engravidar e como *engravidar*, mas quase nada sobre como ficar grávida se torna mais difícil com a idade. A dica número três para saber como conceber – "A importância de ser saudável" – aconselha as interessadas a deixar de fumar, a limitar a cafeína e o álcool e a manter um peso saudável. O papel da idade na fertilidade é enterrado no último parágrafo: um médico que garante que "todos nós conhecemos mulheres com mais de 40 anos que engravidaram sem a ajuda da tecnologia", mas recomenda que as mulheres engravidem antes dos 35 e no mais tardar aos 39.

Séries de muito sucesso na televisão têm retratado as personagens femininas lutando contra problemas de infertilidade. Em *Sex and the City*, por exemplo, Charlotte se submete a tratamentos de fertilidade e sofre um aborto durante uma tentativa de superar os obstáculos naturais à concepção. Em *Friends*, Monica e Chandler descobrem que, devido a uma combinação de baixa contagem de espermatozoides associada a problemas uterinos, é improvável que eles venham a ter um filho. Em ambos os casos, os casais resolvem adotar bebês com resultado feliz.

Embora esses programas possam ser úteis para a conscientização das mulheres sobre os possíveis problemas de saúde que contribuem para a infertilidade, nenhuma das duas situações se refere a problemas de fertilidade relacionados à idade.

Em geral, sem uma boa informação, as mulheres podem com facilidade deixar de se preocupar com a fertilidade até que comecem a pensar seriamente em ter filhos. Nesse momento, a fertilidade já pode ter se transformado em um problema.

Infertilidade: uma questão não discutida por feministas e estudos sobre a mulher

O movimento feminista organizado e os programas de estudos sobre a mulher praticamente nada fazem para combater a falta de informação sobre a infertilidade relacionada à idade. Julie Shah, codiretora da Fundação Terceira Onda – um grupo que representa e promove jovens feministas –, disse que fertilidade e envelhecimento são "uma não questão".[4] A causa central da NOW é o direito ao aborto, mas as informações sobre os problemas associados à fertilidade estão ausentes em seu *website*.

---

[4] QUINN, Michelle. Waiting too long. *San Jose Mercury News*, 4 de agosto de 2002.

Uma amostra da bibliografia usada pelos cursos introdutórios no campo dos estudos sobre a mulher indica que o tema da fertilidade é raramente considerado. No livro *Women in American Society: An Introduction to Women's Studies* [Mulheres na sociedade norte-americana: uma introdução aos estudos sobre a mulher], de Virginia Sapiro, há um capítulo intitulado "Reprodução, maternidade, paternidade e criação dos filhos",[5] que trata das atitudes em relação à maternidade, a crescente disponibilidade de métodos contraceptivos, as mudanças demográficas ocasionadas pelo fato de mais mulheres optarem por ser mães mais tarde na vida e os desafios de criar os filhos. Doze páginas são dedicadas a discutir a história e a crescente disponibilidade de contraceptivos, mais da metade das quais são dedicadas ao aborto. Em nenhum momento de sua discussão sobre a maior capacidade das mulheres de *evitar* a gravidez, Sapiro aborda os problemas que algumas enfrentam por *não ser capaz* de conceber ou de levar uma gravidez até o fim.

O livro *Sex and Gender* [Sexo e gênero], de Hilary M. Lips, dedica sete páginas ao ciclo menstrual feminino e outras duas páginas para explorar a possibilidade de os homens possuírem um "ciclo" semelhante, mas não há nenhuma discussão sobre como a idade afeta a fertilidade feminina. Após uma seção sobre gravidez, paternidade, parto e experiência pós-parto e, por fim, aborto, o tema seguinte é a menopausa. A seção se inicia assim: "Com cerca de 40 anos de idade, os ovários femininos começam a parar de responder aos estímulos dos hormônios pituitários para produzir estrogênio e progesterona".[6] Após descrever alguns dos sintomas físicos experimentados durante a menopausa, ela aborda a perda de fertilidade: "Uma mulher nessa fase está perdendo sua capacidade de ter filhos – uma capacidade que nossa cultura tende a enfatizar como crucial para o papel da mulher na sociedade".[7]

Embora Lips possa acreditar que nossa cultura dê valor excessivo à fertilidade feminina e à capacidade da mulher de gerar um filho, muitas mulheres pessoalmente atribuem uma grande importância a ter filhos e estão dispostas a tudo para engravidar. Sua falta de compreensão dos fatos sobre a fertilidade pode levar a uma grave decepção e sofrimento.

Enfrentando os fatos

Os fatos sobre a fertilidade são mascarados por exemplos muito alardeados de mulheres que têm filhos aos 40 anos e até além disso. Em novembro de 2004,

---

[5] Sapiro, p. 402-439.
[6] LIPS, Hilary M. *Sex & gender: an introduction*. Mountain View, Califórnia: Mayfield Publishing Company, 1988, p. 195.
[7] Ibid., p. 196.

Aleta St. James, de 55 anos, deu à luz gêmeos. Esse acontecimento recebeu atenção da imprensa, tanto em Nova York, onde os bebês nasceram, como em todos os Estados Unidos. Algumas matérias discutiram o árduo caminho que essa mãe teve de percorrer para conseguir engravidar, mas outras deixaram a história de sua concepção como uma observação. As revistas femininas e os programas de entretenimento na televisão costumam apresentar celebridades que têm filhos mais tarde na vida. Nessas oportunidades, raramente se discutem os desafios de engravidar ou os dispendiosos procedimentos que muitas dessas celebridades tiveram de assumir para conseguir dar à luz. Porém, é importantíssimo que as mulheres saibam que Aleta St. James se submeteu a um tratamento de três anos que incluiu a fertilização *in vitro* e custou 25 mil dólares para ter os gêmeos.[8]

Claro que Kim Gandy está certa ao afirmar que algumas mulheres engravidam com facilidade aos 40 anos, enquanto outras aos 20 e poucos lutam contra a infertilidade. Também existem pessoas que fumam um maço de cigarros por dia e vivem até os 90 anos, ao passo que jovens de 20 anos que seguem todas as regras de uma vida saudável são tragicamente atingidos por doenças. O fato de que existem exceções não significa que as mulheres devam ignorar as pesquisas médicas e acreditar que elas estarão entre as sortudas que desafiam as probabilidades.

Então, quais são os fatos sobre a fertilidade?

De acordo com estimativas da Sociedade Norte-Americana de Medicina Reprodutiva, um em cada três casais em que a mulher tem mais de 35 anos terá problemas de fertilidade. Com 40 anos, duas em cada três mulheres não serão capazes de engravidar espontaneamente.[9] De acordo com a Resolve: The National Infertility Association (Associação Nacional de Infertilidade dos Estados Unidos), uma mulher nos seus 28, 29 anos de idade é cerca de 30% menos fértil do que era quando tinha 20.

A Sociedade Norte-Americana de Medicina Reprodutiva explica como a idade está associada ao declínio da fertilidade:

> Embora a idade média da menopausa seja de 51 anos, o pico de eficiência do sistema reprodutor feminino ocorre no início dos 20 anos de idade, depois dos quais apresenta um declínio constante. Existe uma perda gradual da fertilidade em decorrência da idade da mulher, com a taxa de declínio da fertilidade se acentuando significativamente após os 35 anos.[10]

---

[8] CAPLAN, Arthur. Is it ever too late. *The Philadelphia Inquirer*, 18 de novembro de 2004, p. A35.

[9] Patient's fact sheet: prediction of fertility potential in older female patients. American Society of Reproductive Medicine, agosto de 1996. Disponível em: http://www.asrm.org/Patients/FactSheets/Older_Female-Fact.pdf.

[10] Prevention of infertility source document: the impact of age on female fertility. American Society of Reproductive Medicine, 1. Disponível em: http://www.protectyourfertility.org/docs/age_femaleinfertility.doc.

Uma mulher saudável de 30 anos de idade tem 20% de chances de engravidar em determinado mês. Dez anos mais tarde, com 40 anos, portanto, a chance de essa mesma mulher ficar grávida é de apenas 5%.[11]

A razão para esse declínio da fertilidade é simples. Uma mulher já nasce com todos os óvulos que produzirá durante sua vida. Esse estoque de óvulos se esgota com o tempo. Os óvulos dessa mulher também envelhecem, por isso sua qualidade diminui, de maneira que eles passam a ter menos chances de ser fertilizados e desenvolvidos com sucesso.

Ao mesmo tempo que a concepção se torna mais difícil à medida que uma mulher envelhece, a possibilidade de algo dar errado durante a gravidez também aumenta. Apenas uma em cada dez mulheres com menos de 30 anos sofre um aborto espontâneo; aos 40 anos, uma em cada três mulheres perderá o bebê devido a um aborto.

A possibilidade de haver outros problemas também aumenta com a idade. Os óvulos mais velhos têm maior probabilidade de conter anomalias genéticas, o que torna mais comum a incidência da Síndrome de Down ou de outras irregularidades cromossômicas.[12]

É óbvio que as mulheres que enfrentam problemas de fertilidade devem saber que existem tratamentos que podem ajudá-las a conceber. O folheto da Associação Norte-Americana de Infertilidade intitulado "O que mamãe não lhe contou sobre fertilidade... porque ninguém nunca contou a ela" traz essa reconfortante estatística: "90% dos casais inférteis formam famílias com a assistência de um vasto leque de terapias e tratamentos médicos cada vez mais refinados, incluindo a doação de oócitos e de esperma".[13]

No entanto, as mulheres precisam entender que a eficácia desses tratamentos também diminui com o envelhecimento. A fertilização *in vitro* funciona cerca de um terço do tempo em mulheres com menos de 30 anos, mais ou menos 30% do tempo em mulheres em torno dos 35 anos, mas apenas de 5% a 15% do tempo naquelas acima dos 40 anos de idade.[14] Mesmo esses dados podem iludir algumas mulheres, considerando que muitas clínicas de fertilidade limitam o tratamento àquelas que estão abaixo do limiar da idade, por exemplo 44 anos.

---

[11] Age and fertility: a guide for patients. American Society for Reproductive Medicine, 3. Disponível em: http://www.asrm.org/Patients/patientbooklets/agefertility.pdf.

[12] Age and fertility: a guide for patients, p. 6.

[13] SCOTT, Richard, MADSEN, Pamela. *What mother didn't tell you about fertility... because no one ever told her.* American Infertility Association, 6. Disponível em: http://www.theafa.org/faqs/afa_whatmotherdidnotsay.html.

[14] Ibid., p. 3.

Talvez novas descobertas já estejam batendo a nossas portas. Quem sabe algumas pesquisas possam indicar que as perspectivas das mulheres para conceber uma criança em determinada idade sejam ligeiramente melhores ou ligeiramente piores do que os números da Sociedade Norte-Americana de Medicina Reprodutiva. Contudo, devemos estar alertas e levar em consideração os fatos básicos que determinam a maneira como nosso corpo envelhece e como nossa vida reprodutiva diminui com a idade.

As mulheres podem acompanhar os avanços médicos na área, mas devem ser cautelosas ao pensar que a medicina será capaz de alterar essa realidade a tempo de fazer diferença para elas.

> **Outra estatística "uma em cada quatro"**
>
> O instituto de pesquisas Gallup descobriu que cerca de um terço dos norte-americanos acima dos 40 anos de idade não tem filhos e apenas um quarto desses afirma que não teria filhos se tivesse de escolher novamente.

As consequências de não se conhecerem os fatos

Se todas as mulheres soubessem como a idade afeta a fertilidade, então Kim Gandy teria razão ao afirmar que os anúncios sobre os problemas relacionados com a idade estariam atormentando-as desnecessariamente. Dessa maneira, as mulheres que preferem adiar a maternidade estariam assumindo um risco calculado. As mulheres para quem a gravidez não era uma opção – devido à falta de um parceiro ou a outras circunstâncias da vida – não se beneficiariam dessas advertências, mas poderiam se aborrecer por ter de enfrentar mais uma vez sua falta de opções.

Contudo, pesquisas sugerem que *existe* uma deficiência de informação e que muitas mulheres desconhecem os fatores que afetam a fertilidade. A Associação Norte-Americana de Infertilidade pesquisou 12.383 mulheres e descobriu que 88% superestimaram em cinco a dez anos a idade em que a fertilidade começa a diminuir.[15] Cerca de metade equivocadamente presumiu que a saúde geral era um indicador de fertilidade.

Oferecer informações a essas mulheres para que possam tomar decisões bem pensadas é fundamental. No entanto, devido aos protestos contra a campanha pu-

---

[15] Ibid.

blicitária em 2001, no momento em que a Sociedade Norte-Americana de Medicina Reprodutiva planejava veicular de novo esses anúncios em 2002, os *shoppings* e cinemas de San Francisco, Boston, Houston e Washington os recusaram, alegando que prefeririam campanhas "mais amigáveis ao ambiente" e que tivessem "um clima feliz".

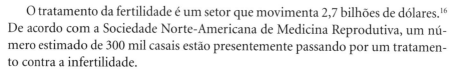

Um Livro que Não Era para Você Ler

Creating a Life: Professional Women and the Quest for Children [Gerando uma vida: mulheres profissionais e a busca por filhos], de Sylvia Ann Hewlett. Nova York: Talk Miramax Books, 2002.

O tratamento da fertilidade é um setor que movimenta 2,7 bilhões de dólares.[16] De acordo com a Sociedade Norte-Americana de Medicina Reprodutiva, um número estimado de 300 mil casais estão presentemente passando por um tratamento contra a infertilidade.

Essas estatísticas escondem o verdadeiro sofrimento dessa história. Em 1998, Sylvia Ann Hewlett começou a escrever um livro para "comemorar as realizações da geração pioneira – aquela primeira geração de mulheres que romperam barreiras e se tornaram figuras de destaque em campos antes dominados por homens".[17] Ao realizar as entrevistas, Hewlett descobriu que "nenhuma dessas mulheres teve filhos", e, mais perturbador, que "nenhuma dessas mulheres havia optado por não ter filhos".[18] Ela, então, mudou a proposta de seu trabalho e se concentrou na questão da falta de filhos entre as mulheres profissionais.

Hewlett entrevistou uma série de mulheres muito bem-sucedidas, procurando compreender melhor como vieram a ficar sem filhos. A autora também descreveu como se sentiu chocada diante da dimensão da decepção e do sentimento de perda dessas mulheres por não terem filhos:

> Fiquei surpresa com o que ouvi. Ao iniciar essas entrevistas eu havia presumido que, se essas mulheres realizadas e poderosas não tinham filhos, com certeza essa era uma

---

[16] PASCUAL, Psyche. Financing infertility treatments; A healthy me. Disponível em: http://www.ahealthyme.com/topic/infertilityfinance.

[17] HEWLETT, Sylvia Ann. *Creating a life: professional women and the quest for children*. Nova York: Talk Miramax Books, 2002, p. 1.

[18] Ibid., p. 2.

opção de vida para elas. Eu estava absolutamente preparada para compreender que a excitação e o desafio de uma megacarreira haviam facilitado a decisão delas de não serem mães. Nada poderia estar mais longe da verdade. Quando conversei com essas mulheres sobre filhos, seu sentimento de perda era palpável. Eu podia vê-lo em seus rostos, ouvi-lo em suas vozes e senti-lo em suas palavras.[19]

Uma dessas muito bem-sucedidas mulheres sem filhos descreveu sua "arrastada não escolha" de ver sua capacidade de gerar desaparecer.

Além dessas entrevistas, em janeiro de 2001, Hewlett formou uma parceria com a Harris Interactive, empresa de consultoria e pesquisa de mercado, e com a Associação Nacional de Pais para conduzir uma pesquisa dirigida aos 10% das mulheres mais bem remuneradas, divididas em dois grupos etários: de 28 a 40 anos e de 41 a 55 anos. Os grupos foram divididos em "profissionais de alto desempenho", que ganhavam mais de 55 mil dólares ou 65 mil dólares por ano, dependendo da idade, e "profissionais de ultradesempenho", que ganhavam mais de 100 mil dólares por ano.

A pesquisa revelou que 33% das profissionais de alto desempenho e cerca de metade das mulheres de ultradesempenho no mundo corporativo dos Estados Unidos não tinham filhos aos 40 anos de idade. Por outro lado, apenas um quarto dos homens de alto desempenho e 19% dos de ultradesempenho (ganhando mais de 200 mil dólares por ano) não tinham filhos aos 40 anos.[20]

O estudo também confirmou que, para a maioria das mulheres, a falta de filhos não foi o resultado de uma escolha consciente. As mulheres foram convidadas a se lembrar da época em que se formaram na universidade e se desejavam ter filhos na ocasião. Apenas 14% responderam que, com certeza, não queriam filhos na época. Mesmo entre aquelas que tiveram filhos, aproximadamente uma em cada quatro afirmou que desejava ter mais filhos do que acabou tendo.[21]

Muitas dessas mulheres ainda não tinham compreendido a realidade de que ter filhos era improvável em seu futuro. Infelizmente, quase um quarto das profissionais de alto desempenho e um terço das de ultradesempenho com idades entre 41 e 55 anos que Hewlett entrevistou ainda acalentavam esperanças de ter filhos. A pesquisadora concluiu: "Considerando que as probabilidades de gerar estão contra essas mulheres de meia-idade, essas respostas mostram mães cheias de dor e anseios".[22]

---

[19] Ibid., p. 3.
[20] Ibid., p. 86.
[21] Ibid., p. 86.
[22] Ibid., p. 87.

Um levantamento feito pelo instituto de pesquisas Gallup em 2003 revelou evidências semelhantes de arrependimento entre as pessoas sem filhos. O Gallup descobriu que cerca de um terço dos norte-americanos acima dos 40 anos de idade não tem filhos, e apenas um quarto desses afirma que não teria filhos se tivesse de escolher novamente. Quarenta e seis por cento dos norte-americanos sem filhos com mais de 40 anos gostariam de ter tido dois filhos, 10% gostariam de ter tido um filho e 15% prefeririam ter tido três ou mais.[23]

O que isso significa para as mulheres?

Assim que uma mulher obtém os fatos sobre sua fertilidade, o que ela deve fazer? Com certeza, nem toda mulher de 30 anos de idade deve correr e começar a procriar. Contudo, as mulheres devem se instruir sobre fertilidade, e não apenas sobre os aspectos relacionados à idade, mas também os demais fatores como as doenças sexualmente transmissíveis, o peso e o tabagismo. Armadas com todas essas informações, deverão avaliar com todo o cuidado suas opções e traçar um plano para melhor atingir seus objetivos.

Uma das profissionais de alto desempenho entrevistadas por Hewlett ofereceu às jovens o seguinte conselho:

> Pergunte a si mesma o que você precisará para ser feliz aos 45 anos de idade. E faça isso cedo o bastante para que você tenha a chance de conseguir o que quer. Aprenda a ser tão estratégica com sua vida pessoal como é com sua carreira.[24]

Esse é um bom conselho. Além de pensar cuidadosamente sobre suas próprias prioridades, as mulheres devem conversar com seus médicos e com outros profissionais da saúde. Elas devem acompanhar os avanços da medicina, mas atentar para conhecer os limites dos novos tratamentos, para que não se tornem otimistas demais em relação a sua possível eficácia.

Essa é uma questão delicada que irá exigir que muitas mulheres procurem respostas em sua alma e tomem decisões difíceis. Porém, não há vantagens na ignorância ou em nos deixar acreditar que podemos adiar a maternidade sem sofrer nenhuma consequência. Como na maioria dos aspectos da vida, informação é poder, e, neste caso, fundamental para ajudar as mulheres a tomar decisões sobre seus próprios interesses de longo prazo.

---

[23] NEWPORT, Frank. Desire to have children alive and well in America. *The Gallup Poll*, 19 de agosto de 2003, p. 2.
[24] Hewlett, p. 9.

Capítulo Dez

Aborto

As discussões sobre o aborto, em geral, envolvem questões ligadas à moralidade e se esse procedimento é equivalente ao assassinato. Nos Estados Unidos, os defensores da pró-vida acreditam que o aborto é a morte de um ser humano ainda não nascido, com direitos que merecem a proteção do governo, enquanto os defensores da pró-escolha acreditam que o aborto é um procedimento médico essencial para que as mulheres possam manter o controle de suas vidas e de seus destinos.

Veja só!

 A abordagem sobre o aborto feita pelos estudos sobre a mulher e pela mídia, muitas vezes, começa com a suposição de que a maioria das mulheres jovens é – ou deveria ser – pró-escolha.

 Quando se trata de aborto, os países europeus têm, com frequência, mais políticas restritivas do que os Estados Unidos.

 A reversão do caso Roe *versus* Wade* meramente transferiria a luta sobre o aborto dos tribunais e da esfera federal para as assembleias legislativas e o referendo popular dos estados.

---

* Decisão da Suprema Corte dos Estados Unidos que, em 1973, com base no direito à privacidade, concedeu às mulheres o direito ao aborto. Roe *versus* Wade é um dos casos mais controversos na legislação desse país, dividindo a sociedade norte-americana até hoje. (N. T.)

Esse debate é tão crítico quanto controverso. Ainda assim, deixa de considerar várias questões importantes em relação ao aborto. Discussões sobre a legalidade do aborto também são, muitas vezes, baseadas em alguns pressupostos equivocados. As jovens, em particular, tendem a receber um ponto de vista unilateral (pró-escolha), seja dos programas de estudos sobre a mulher, seja da mídia. Para ter um debate saudável e o entendimento dessa questão, é importante que ambos os lados estejam adequadamente representados e tratados de maneira justa.

Este capítulo não pretende abordar a legalidade do aborto, mas sim analisar algumas informações incompletas sobre o assunto oferecidas às jovens e aprofundar algumas questões raramente abordadas no debate atual.

Ser pró-vida não é ser contra a mulher

Os cursos na área de estudos da mulher tendem a trabalhar em cooperação com organizações feministas sobre uma agenda política – sendo que o direito ao aborto se encontra no centro dessa agenda.

Sem dúvida, é importante para as mulheres entender como as mudanças nas leis que regulamentam a reprodução têm afetado sua vida ao longo da história, além de considerar os argumentos para manter o aborto legal. Os argumentos que sustentam a posição pró-escolha afirmam que o controle sobre a reprodução dá às mulheres a capacidade de definir sua vida e controlar seus destinos; as mulheres que não estão prontas para ser mães – devido à idade, à falta de um parceiro ou de planos alternativos – não deveriam ter de ser; é cruel trazer crianças para este mundo que estarão fadadas a ser pobres ou não desejadas; e, por fim, uma vez que a gravidez ocorre dentro do corpo da mulher, é seu direito determinar se ela irá continuar ou não.

As mulheres ouvem esses argumentos a favor do direito ao aborto com regularidade nas universidades e nos meios de comunicação. Contudo, as mulheres – em especial as estudantes – também precisam ouvir e compreender o outro lado.

É uma pena que, em muitos livros de estudos da mulher e na mídia popular, a posição pró-vida seja raramente abordada ou, quando é, apareça de maneira caricaturada.

O livro *An Introduction to Women's Studies: Gender in a Transnational World* [Introdução aos estudos da mulher: gênero em um mundo transnacional] contém seis ensaios na seção intitulada "Controle populacional e direitos reprodutivos: tecnologia e poder", mas nenhum representa o ponto de vista pró-vida. A seção aborda como questões sobre reprodução têm evoluído ao longo da história, incluindo como os avanços da tecnologia reprodutiva tornaram a contracepção e o aborto mais prontamente disponível, bem como o uso condenável do aborto e da esterilização forçados em nome do controle populacional ou com base no racismo. Todos os ensaios se concentram tão só nos direitos da mulher. Nenhum explora o argumento de que o feto ou nascituro também tem direitos.

Por sua vez, o livro *Issues in Feminism: An Introduction to Women's Studies* [Questões sobre feminismo: uma introdução aos estudos da mulher], de Shelia Ruth, traz um exemplo mais flagrante ao distorcer a posição pró-vida como baseada em um desejo de reprimir as mulheres. Ruth apresenta a suposta preocupação com o feto do movimento pró-vida como nada mais do que uma cortina de fumaça:

> A questão de reduzir as mulheres a "sistemas de entrega", de ignorar o fato de que elas são pessoas, com necessidades, sentimentos, objetivos, valores, mesmo quando estamos nos reproduzindo, é um conceito crucial, pois é o centro da questão antiaborto. É isso, a anulação de nossa personalidade, com uma manobra semelhante, mas de lógica oposta – a elevação de um feto ao *status* de "pessoa" – que faz a campanha antiescolha funcionar. É o que faz a retórica tão eficaz, embora seja, muitas vezes, falsa e enganosa. [...]
>
> Durante vários anos, e com crescente intensidade, os porta-vozes antifeministas e antiescolha lançaram uma cortina de fumaça contra sua agenda verdadeira: controlar a vida das mulheres, nossa autodeterminação, nosso direito de tomar decisões por nós mesmas e nosso destino pessoal, econômico e social.

O Que um Ícone Feminista disse:

"Não importa qual o motivo, se o apego ao conforto ou um desejo de salvar do sofrimento o nascituro inocente, a mulher é terrivelmente culpada, é quem comete o ato. Irá pesar em sua consciência durante a vida, irá pesar em sua alma na morte. Mas, oh, três vezes culpado é ele que a levou ao desespero que a impeliu para o crime".

Retirado de *The Revolution*, jornal publicado nos Estados Unidos no século XIX pelas ativistas dos direitos da mulher Susan B. Anthony e Elizabeth Cady Stanton, citado por Kate O'Beirne e disponível em: http://www.nationalreview.com/kob/obeirne200601230842.asp

GPI

Não é assim que maioria dos defensores pró-vida – que, em geral, acreditam que a vida começa na concepção e que o feto tem direitos – descreveriam suas razões para se opor ao aborto.

Você pode discordar desse ponto de vista e acreditar que a entidade à espera de nascer não deve ser considerada plenamente humana, com direito à vida, a não ser depois do nascimento (ou ao atingir determinado estágio de desenvolvimento, como ser viável fora do útero). Entretanto, vale a pena considerar – sobretudo em um ambiente educacional – os argumentos do outro lado. Com certeza, as mulheres que são pró-escolha protestariam contra os estudos que afirmam que sua posição é motivada por sede de sangue e aversão às crianças, e não por uma preocupação honesta com os direitos das mulheres.

> **O Que o Caso Roe *versus* Wade Realmente Diz**
>
> No que diz respeito aos importantes e legítimos interesses do Estado na vida em potencial, a questão "crítica" que se coloca é a da viabilidade do nascituro. Isso porque o feto a partir de determinado ponto, presumivelmente, tem a capacidade de manter vida significativa fora do útero materno. As leis estaduais de proteção à vida fetal após a viabilidade, portanto, encontram sua justificativa lógica e biológica. Se o Estado estiver interessado em proteger a vida fetal após a viabilidade, pode proibir o aborto durante esse período, exceto quando for necessário para preservar a vida ou a saúde da mãe.
>
> – O Parecer da Corte, Roe *versus* Wade, 22 de janeiro de 1973
>
> GPI

A abordagem sobre o aborto feita pelas revistas femininas e pela mídia, muitas vezes, começa com a suposição de que a maioria das mulheres jovens é – ou deveria ser – pró-escolha. A edição de agosto de 2005 de *Glamour* publicou o artigo "The Mysterious Disappearance of Young Pro-Choice Women" [O misterioso desaparecimento das mulheres pró-escolha], que traz uma análise séria sobre a mudança de atitude entre as jovens, a maioria das quais havia apoiado incondicionalmente o direito ao aborto dez anos atrás e que hoje mostra maior simpatia por certas restrições a essa prática. O artigo analisa os fatores que têm contribuído para essa tendência, incluindo uma maior confiança no controle da natalidade e uma maior aceitação da crença de que o feto é uma vida humana, devido às imagens de ultrassonografia.

A lógica subjacente ao artigo sugere que as mulheres estão equivocadas em mudar sua atitude ou estão se desviando de seu estado natural, e que apoiar restrições ao aborto é um luxo que as mulheres podem ter somente porque o aborto é hoje legal e acessível. Se fosse para mudar, as que agora criticam o aborto dariam seu apoio ao direito de interromper a gravidez. O artigo termina citando Gloria

Feldt, então presidente da Federação de Planejamento Familiar dos Estados Unidos, que se mostra confiante de que se a decisão de Roe *versus* Wade fosse revertida, as mulheres tomariam as ruas novamente para perguntar: "Por que esperar?".

A edição de setembro de 2004 da revista *Nova* foi ainda menos sutil. Sob o título "How Your Rights Are Being Robbed" [Como seus direitos estão sendo roubados], a autora Liz Welch denuncia "o ataque aos direitos da mulher" existente no governo do então presidente George W. Bush que apoiava políticas pró-vida. Ela adverte: "Assim como a Suprema Corte deu às mulheres o direito de escolher em 1973, ela pode tirá-lo em 2004. Ou em 2005". O artigo conclui conclamando o público feminino a votar nos candidatos pró-escolha. Da mesma maneira, a edição de abril de 2004 da revista *Glamour* publicou uma verdadeira chamada às armas: "Your Most Fundamental Female Rights – Stand Up for Them" [Os direitos mais fundamentais da mulher – defenda-os], anúncio que convocava as mulheres a participar de uma manifestação pelo direito ao aborto em Washington, D.C. Você pode ter certeza de que nenhum destaque semelhante foi dado a algum evento pró-vida.

Esse tratamento unilateral do problema é um desserviço prestado às mulheres. Os movimentos pró-vida e pró-escolha mantêm profundas crenças que são baseadas em um fundamento moral. As jovens devem ser desafiadas com os melhores argumentos, e não alienadas do debate e alimentadas à força por propaganda.

O verdadeiro papel do caso Roe *versus* Wade

Roe *versus* Wade é, atualmente, o mais conhecido caso da Suprema Corte dos Estados Unidos e campo de batalha sobre o aborto. Proteger ou reverter essa decisão é a questão principal para os ativistas de ambos os lados.

Em abril de 2004, cerca de um milhão de mulheres e homens se reuniu em Washington, D.C., para participar de uma manifestação organizada por grupos feministas, incluindo a Organização Nacional para Mulheres (NOW) e a fundação Feminist Majority. O evento, chamado de "A Marcha pela Vida das Mulheres", foi realizado no National Mall, o Parque Nacional da cidade. Foi uma chamada às armas para derrotar os republicanos e o presidente Bush e para defender Roe *versus* Wade – duas missões descritas como vitais para a sobrevivência das mulheres.

Nas discussões sobre o aborto e o papel da Suprema Corte, é importante compreender o que realmente aconteceria se esse tribunal revertesse a decisão de Roe *versus* Wade. Ao contrário do que afirma a maioria dos discursos, reverter o caso não tornaria o aborto ilegal nos Estados Unidos, mas sim concederia ao poder legislativo dos estados e ao Congresso norte-americano maior liberdade para colocar ou impor restrições sobre o aborto. Para muitas mulheres norte-americanas, o fim de Roe *versus* Wade teria poucos efeitos práticos.

O Centro de Direitos Reprodutivos, a principal organização de defesa dos direitos do aborto nos Estados Unidos, analisou as leis existentes nos estados e chegou à conclusão de que 21 deles estariam "em maior risco" de ter algumas restrições sobre o aborto no caso de Roe ser derrubado. Alguns desses estados hoje têm leis restritivas ao aborto que se tornariam obrigatórias se a decisão fosse revertida. Também se concluiu que outros estados aprovariam novas restrições. O Centro de Direitos Reprodutivos concluiu ainda que em vinte estados o direito ao aborto está estabelecido nas constituições ou no estatuto e que, portanto, não estariam ameaçados por uma nova ação legislativa. Nos nove estados restantes, as perspectivas foram avaliadas como "incertas".[1]

Outros grupos veem a reversão de Roe como tendo um impacto mais limitado, pelo menos inicialmente. A organização sem fins lucrativos Life Legal Defense Fund (Fundo de Defesa Legal da Vida) realizou um estudo semelhante e concluiu que apenas sete estados (Louisiana, Michigan, Oklahoma, Rhode Island, Dakota do Sul, Wisconsin e Arkansas) possuem leis que proibiriam o aborto e, dessa maneira, seriam imediatamente afetados pela reversão de Roe. Em muitos outros estados, ações provavelmente seriam tomadas para implementar novas restrições.

O que essas análises revelam, em última instância, é que, em uma situação pós-Roe, o aborto se tornaria predominantemente uma questão de Estado. A legislação federal poderia ser implementada, mas o mais provável é que caberia às assembleias legislativas estaduais determinar a disponibilidade do aborto. É possível que as mulheres em regiões mais liberais dos Estados Unidos – como o nordeste e a costa oeste – não enfrentassem restrições significativas em relação ao aborto. Já aquelas em estados onde o apoio aos direitos de abortar é baixo, como o centro-oeste e o sul, provavelmente enfrentariam novas restrições.

Uma abordagem federalista da questão provoca grande preocupação para muitas mulheres pró-escolha, em particular para aquelas que vivem nos estados "vermelhos",* os mais conservadores, e, ao mesmo tempo, dá às mulheres pró-vida a esperança de que a reversão de Roe poderia reduzir o número de abortos. Contudo, é importante para as mulheres de ambos os lados do debate compreender que a reversão do caso Roe *versus* Wade não seria o fim da luta sobre o aborto; tão só transferiria essa luta dos tribunais e da esfera federal para as assembleias legislativas e o referendo popular dos estados.

---

[1] What if Roe fell? The state-by-state consequences of overturning Roe *v.* Wade. Center for Reproductive Rights, setembro de 2004.

* Refere-se às cores usadas pelos partidos políticos norte-americanos: azul para os democratas, mais liberais, e vermelha para os republicanos, mais conservadores. (N. T.)

O aborto fora dos Estados Unidos – a Europa não é tão liberal como você pensa

A Europa tem a reputação de ser mais liberal do que os puritanos Estados Unidos no que diz respeito à união gay, aos filhos fora do casamento e ao sexo casual. Porém, muitos se surpreendem ao saber que quando se trata de aborto, os países europeus têm, com frequência, políticas mais restritivas do que as que estão atualmente em vigor nos Estados Unidos.

No Reino Unido, por exemplo, o aborto é legal para as primeiras 24 semanas de gravidez, se a continuidade da gestação envolver um risco maior para a saúde (física ou mental) da mulher ou de seus filhos já existentes do que o risco de interromper essa gravidez. O aborto é permitido depois de 24 semanas (cerca do quinto mês de gestação) somente se houver risco para a vida da mulher, evidência de anomalia fetal grave ou risco de grave lesão física e mental para a mulher. Para isso, dois médicos devem concordar com a necessidade do aborto.[2]

O aborto é ilegal na Irlanda, a menos que a vida da mãe esteja em perigo.[3] Na Suécia, o aborto é permitido apenas até a décima oitava semana, após o que os abortos são limitados a "circunstâncias extraordinárias".[4] Na França – muitas vezes festejada como o ponto máximo do liberalismo esclarecido – o aborto está disponível até a décima segunda semana de gravidez.[5]

Como se pode ver, os norte-americanos não são os únicos que procuram equilibrar os direitos do nascituro com os direitos da mulher. Enquanto a mídia norte-americana tende a retratar o movimento pró-vida nos Estados Unidos como produto da "Direita Religiosa", as mesmas preocupações pela vida do feto são visíveis nos países europeus mais seculares.

O aborto como uma questão de saúde

A cada ano, mais de um milhão de gestações termina em aborto.[6] Os pesquisadores avaliam que entre um terço e metade de todas as mulheres norte-americanas

---

[2] The current situation in the UK. Abortion rights. Disponível em: http://www.abortionrights.org.uk/index.php?option=com_content&task=view&id=17&Itemid=44.

[3] Summary of European abortion laws. Pregnant Pause. Disponível em: www.pregnantpause.org/lex/lexeuro.htm.

[4] Annual Review of Population Law. Disponível em: http://annualreview.law.harvard.edu/population/abortion/SWEDEN.abo.htm.

[5] DOUGHTY, Steve. At 24 weeks, our time limit is most liberal in Europe. *Daily Mail*, Londres, 17 de março de 2005.

[6] Abortion Surveillance — United States, 2000. *Morbidity and Mortality Week Report*, v. 52, n. SS-12, 28 de novembro de 2003.

terá feito um aborto aos 45 anos de idade.[7] Cinquenta por cento de todos os abortos são feitos por mulheres com idade inferior a 25 anos; um em cada cinco é feito por uma adolescente.

Embora o aborto seja mais comumente analisado do ponto de vista moral, ele é também uma questão de saúde. Se até a metade das mulheres norte-americanas irá se submeter a esse procedimento durante a vida, é importante considerar o que isso pode significar para a saúde dessa população.

A maioria das pesquisas indica que o aborto é, em geral, um procedimento médico seguro, especialmente quando realizado nas fases iniciais da gravidez. De acordo com o Instituto Alan Guttmacher, menos de 1% de todas as pacientes que passam por um aborto sofre complicações importantes, como infecções, hemorragias ou lesões no útero. Em geral, essas mulheres experimentam uma série de efeitos colaterais indesejáveis e temporários, incluindo dor abdominal e cólicas, náuseas, vômitos e diarreia.[8]

De acordo com o Centro de Controle e Prevenção de Doenças (CDC), em 1998 e 1999, 14 mulheres morreram nos Estados Unidos por complicações decorrentes de abortos induzidos.[9] O risco de morte associado ao aborto nesse ano foi de 0,6 por 100 mil abortos, ao passo que o risco de morte associado ao parto foi de 6,7 por 100 mil, ou dez vezes maior.[10]

Embora essa informação possa proporcionar um certo alívio para as mulheres que pensam em abortar, não se deve acreditar que o aborto é uma coisa sem importância. O aborto é ainda um procedimento doloroso, com consequências potencialmente sérias. O Comitê Nacional pelo Direito à Vida dos Estados Unidos revela que 97% das mulheres declaram sentir dor durante o procedimento e mais de um terço descreve essa dor como intensa. As complicações possíveis de ocorrer como resultado de um aborto podem afetar as gestações futuras e apresentar consequências à saúde a longo prazo.[11]

---

[7] Facts in brief: induced abortion. Alan Guttmacher Institute. Disponível em: www.guttmacher.org/pubs/fb_induced_abortion.html. E: Fact Sheet: Abortion in the U.S. The Henry J. Kaiser Family Foundation, janeiro de 2003.

[8] Induced Abortions. Medical Library, American College of Obstetricians and Gynecologists. Disponível em: http://www.medem.com/medlb/article_detaillb.cfm?article_ID=ZZZ2K98T77C&sub_cat=2006.

[9] Facts in brief: induced abortion. Alan Guttmacher Institute. Disponível em: www.guttmacher.org/pubs/fb_induced_abortion.html.

[10] Fact Sheet: Abortion in the U.S. The Henry J. Kaiser Family Foundation, janeiro de 2003.

[11] Is abortion safe? Physical complications. National Right to Life. Disponível em: www.nrlc.org/abortion/ASMF/asmf13.html.

As jovens devem estar atentas também às pesquisas sobre uma possível relação entre o aborto e uma maior incidência de câncer de mama. Alguns estudos sugerem que pode haver uma relação que coloca as mulheres que se submetem a um aborto diante de um risco maior de desenvolver câncer; outros estudos não encontraram nenhuma correlação nesse sentido. Essa questão, assim como as pesquisas sobre ela, é controversa. Porém, considerando que o aborto é um procedimento eletivo, as jovens devem ter consciência de que há um potencial risco para sua saúde.

O Aborto É mais Perigoso do que Tomar Aspirina

O aborto pode ser um procedimento médico relativamente seguro, mas ainda representa riscos para a saúde. Essa é apenas uma das razões que levam os norte-americanos a apoiar maciçamente leis que exigiriam que uma menor de idade tivesse de obter o consentimento dos pais para abortar. Contudo, em seis estados e em Washington, D.C., uma menor pode fazer um aborto sem a permissão de um dos pais, e em muitos outros estados, as leis que exigiriam que uma menor tivesse esse consentimento estão atualmente em discussão nos tribunais.

Quando se trata de muitos outros problemas de saúde menos sérios, o envolvimento dos pais é esperado e exigido. A maioria das escolas públicas, por exemplo, não está autorizada a fornecer aos estudantes sequer medicamentos simples, como aspirina, sem a permissão dos pais. Em New Hampshire – onde, hoje, uma lei que trata da autorização dos pais está sendo contestada e revista pela Suprema Corte dos Estados Unidos –, crianças e adolescentes menores de 18 anos devem ter a autorização dos pais para se submeter ao bronzeamento artificial e, além disso, os menores de 14 anos devem ter uma carta de um médico. Restrições semelhantes sobre o acesso de crianças e adolescentes ao bronzeamento artificial também existem na Califórnia, onde uma adolescente pode fazer um aborto sem o conhecimento dos pais. O estado de Nova York também não exige nenhuma autorização paterna ou materna quando se trata de aborto, mas o consentimento dos pais é exigido para uma criança ou um adolescente poder fazer uma tatuagem ou colocar um *piercing* no nariz.

Veja: LOPEZ, Kathryn Jean. Aborting parental rights. *National Review Online*, 8 de junho de 2005.

Só porque o risco de sofrer danos à saúde a longo prazo ou de morrer em decorrência de um aborto é baixo, não significa que ele não seja uma séria questão de saúde. As mulheres que pensam em abortar – ou que pensam em sexo antes que estejam prontas para a gravidez – devem saber que o aborto é um procedimento médico sério que implica desconforto real para a paciente e não é livre de riscos.

A saúde da mãe

Embora o caso Roe *versus* Wade, em geral, seja entendido como um instrumento de proteção do direito ao aborto, os juízes que redigiram essa decisão reconheceram que o Estado pode ter interesse em restringir o aborto após o feto se tornar viável ou, em outras palavras, ser capaz de viver sozinho fora do útero materno. Roe também incluiu uma ressalva de que nenhuma restrição ao aborto pode deter o que for necessário para preservar a vida ou a saúde de uma mulher.

Está bastante claro o que isso significa em termos de preservar a vida de uma mulher, mas o que dizer sobre sua saúde? "Saúde" é um termo obscuro, porque o processo de dar à luz claramente afeta a saúde física da mulher no curto prazo, bem como sua saúde mental e emocional. Outro caso pronunciado no mesmo dia que Roe, Doe *versus* Bolton, tornou clara a definição de saúde: "O julgamento médico pode ser exercido à luz de todos os fatores – físicos, emocionais, psicológicos, familiares e a idade da mulher – que forem relevantes para o bem-estar da paciente. Todos esses fatores podem ser relacionados à saúde".[12]

Em outras palavras, a definição de saúde é tão ampla que a restrição ao aborto é em essência sem sentido: simplesmente qualquer aborto poderia ser justificado como necessário por razões de "saúde".

Um levantamento feito pelo Instituto Alan Guttmacher verificou os motivos que levavam uma mulher a optar pelo aborto: 3% delas responderam que um problema de saúde as motivou a interromper a gravidez. Não há dados para identificar como a saúde foi definida nesses casos – se estava relacionada à saúde física duradoura ou se o problema da mãe era de ordem emocional ou mental.[13]

Existem, sem dúvida, condições de saúde que podem ser complicadas pela gravidez. Uma mulher diagnosticada com câncer da mama durante a gestação tem uma capacidade limitada de tratar de sua doença sem pôr em perigo a saúde do bebê. A radioterapia pode levar a complicações, induzir o parto prematuro e aumentar o risco de malformações congênitas. Alguns médicos podem estimular a mulher nessa situação a considerar o aborto para que ela possa receber tratamento

---

[12] Doe, 410 U.S. at 192.
[13] Roe Reality Check #2. United States Council of Catholic Bishops. Disponível em: http://www.usccb.org/prolife/RoeRealityCheck2.pdf.

imediato. Mulheres em outras condições, como anemia falciforme e hipertensão, enfrentam riscos físicos durante a gravidez.

Entretanto, aqueles que apoiam o direito das mulheres que correm sérios riscos de saúde física de optar por um aborto devem compreender que a definição de "saúde" utilizada pelos defensores do direito ao aborto, em geral, não se limita à saúde física, mas inclui a mais nebulosa saúde "mental".

Uma escolha consciente

As jovens devem se familiarizar com os argumentos dos dois lados da questão do aborto, ou seja, dos movimentos pró-vida e pró-escolha. Infelizmente, grande parte das informações que as jovens recebem – em especial nas universidades, em cursos como o de estudos da mulher – apresenta apenas o ponto de vista do movimento pró-escolha. No caso do aborto, assim como em todas as demais questões, as mulheres precisam de mais informações para que possam fazer uma escolha consciente e consistente com suas crenças pessoais.

Capítulo Onze

O trabalho no mundo real

No mundo da televisão politicamente correta, vemos que a maioria das mulheres tem empregos de grande poder nos dias atuais: elas são advogadas, cirurgiãs ou executivas de publicidade vestidas de maneira impecável. No mundo real, porém, a maioria ocupa posições bem menos emocionantes – e inacreditavelmente tradicionais.

As mulheres estão progredindo no sistema educacional dos Estados Unidos e, nos anos que estão por vir, irão cada vez mais entrar e ser bem-sucedidas em todos os setores e profissões. Entretanto, é importante que as mulheres tenham uma ideia realista do papel que o trabalho desempenha na vida da maioria delas.

Veja só!

- As mulheres têm feito grandes avanços no mundo do trabalho, mas a maioria ainda atua em áreas tradicionais e é motivada por necessidade financeira.
- A ocupação mais comum das mulheres é a de secretária ou de assistente administrativa.
- Irá espantar bem poucos fora da Organização Nacional para Mulheres (NOW) saber que a maioria das mulheres de fato considera o trabalho remunerado menos satisfatório do que outras atividades mais pessoais.

O conto de fadas feminista da mulher que trabalha

No filme intitulado *Uma Secretária de Futuro*, de 1988, a atriz norte-americana Melanie Griffith é a secretária que luta para encontrar seu lugar no mundo dos executivos. Em seu caminho, ela tem de superar desafios como uma chefe autoritária que rouba suas ideias, um namorado que a trai e os estereótipos que vêm com o simples fato de ser uma "secretária". Em muitos aspectos, a história é um conto de fadas. Porém, nesse conto moderno, conquistar o amor do belo príncipe, interpretado pelo ator Harrison Ford, é um triunfo secundário. No final do filme, em vez de uma caminhada até o altar, ou mesmo de um beijo melado, Griffith descobre que, enfim, conseguiu ganhar as chaves da nova versão de um palácio: um escritório envidraçado com uma secretária só sua.

Um exemplo mais próximo à geração que hoje está na faixa dos 20 anos é a personagem Rachel Green de *Friends*. Nos primeiros episódios, Rachel chegou ao café Central Perk para se juntar ao resto da turma como uma garota rica e mimada de Long Island que abandonou o noivo no altar. Ela não estava preparada para nenhuma outra atividade, exceto fazer compras. Rachel conseguiu seu primeiro emprego como garçonete no Central Perk e, mesmo quando ela finalmente começa a trabalhar com moda, é mostrada mais uma vez fazendo café para o chefe.

No final da série, Rachel havia se transformado em uma poderosa executiva de moda. Quando dá à luz sua filha, ela abrevia sua licença-maternidade com a preocupação de que está perdendo prestígio em seu escritório. Nos episódios finais, Rachel pensa em se mudar para Paris com o bebê (longe de Ross, o pai da criança) atrás de um novo trabalho. Ainda que, afinal, Rachel prefira ficar em Nova York (possivelmente para viver feliz para sempre com Ross e com um emprego mais bem remunerado), sua personagem básica é a de uma profissional ambiciosa.

As profissionais retratadas no cinema e na televisão raramente trabalham no mundo do tempo integral habitado pela maioria das mulheres de verdade. O filme *Legalmente loira* mostra a sempre na moda Elle Woods como uma estudante de direito no encalço de criminosos e em plena atividade no tribunal. Na televisão, os dramas sobre casos jurídicos contam uma história semelhante: os advogados estão sempre envolvidos em grandes batalhas nos tribunais, levando os vilões à justiça. Na realidade, apenas uma fração dos advogados acaba no tribunal – a maior parte do tempo é gasta com a realização de exaustivas pesquisas e a leitura de tediosos contratos.

O que a maioria das mulheres faz

Durante as últimas décadas, as mulheres entraram em massa no mercado formal de trabalho. Em 1970, apenas quatro em cada dez mulheres faziam parte da força de trabalho remunerado. Em 2004, cerca de seis em cada dez mulheres esta-

As Vinte Principais Ocupações das Mulheres Empregadas em Tempo Integral em 2003 nos Estados Unidos

Posição	Ocupação	Total de Mulheres (em milhares)	% de Mulheres
1	Secretárias e assistentes administrativas	2.692	6,1%
2	Professoras do ensino fundamental	1.780	4,0%
3	Enfermeiras registradas	1.650	3,7%
4	Auxiliares de enfermagem, psiquiatria e saúde doméstica	1.144	2,6%
5	Caixas	1.040	2,4%
6	Representantes de atendimento ao cliente	1.038	2,4%
7	Supervisoras/gerentes de escritório e de apoio administrativo de primeira linha	984	2,2%
8	Supervisoras/gerentes de vendedores de varejo de primeira linha	938	2,1%
9	Funcionárias de serviços de contabilidade e auditoria	894	2,0%
10	Recepcionistas e atendentes	831	1,9%
11	Contadoras e auditoras	784	1,8%
12	Vendedoras de varejo	765	1,7%
13	Empregadas domésticas e faxineiras	682	1,5%
14	Professoras do ensino médio	540	1,2%
15	Garçonetes	528	1,2%
16	Assistentes de ensino	527	1,2%
17	Funcionárias de escritório, em geral	511	1,2%
18	Gerentes financeiras	491	1,1%
19	Professoras da pré-escola e do jardim da infância	476	1,1%
20	Cozinheiras	452	1,0%
	Porcentagem Total		42,5%

Fonte: Escritório de Estatísticas do Trabalho (Estados Unidos)

vam empregadas – um aumento de cerca de 50%, o que representa a entrada de milhões delas na força de trabalho remunerado.[1]

O aumento é ainda mais drástico entre as mulheres mais jovens: 72% daquelas entre 25 e 54 anos de idade estão hoje incorporadas ao mercado de trabalho remunerado.[2] Isso inclui uma maioria das mulheres com filhos pequenos: em 2002, 65% das mães com filhos menores de 6 anos de idade estavam empregadas.[3] Isso é mais ou menos o dobro das mães com filhos menores de 6 anos (34%) que trabalhavam em 1975.[4]

O Que um Ícone Feminista disse:

"Gosto da ideia de ver as jovens se tornarem mães. É mais fácil se jogar ao chão com as crianças se você mesma é uma delas".

GPI

– **Germaine Greer** apoiando as jovens mães, que colocam a maternidade acima de suas carreiras
http://www.cathnews.com/news/208/86.php

Embora muitos fatores tenham contribuído para essa tendência social, o movimento das mulheres desempenhou um papel crucial no impulso à mudança. O livro divisor de águas de Betty Friedan, *Mística feminina*, desafiou as mulheres a pensar em assumir outros papéis na sociedade além dos de dona de casa e mãe. As feministas lutaram contra os preconceitos sociais que impediam as mulheres de competir e alcançar o sucesso em áreas como medicina, ciência, política e direito. Hoje, seu sucesso é evidente: as mulheres progridem cada vez mais em setores e profissões que há apenas poucas décadas eram quase de exclusivo domínio dos homens.

Hoje, as mulheres estão conquistando mais da metade de todos os títulos de bacharelado e de mestrado, e 40% dos títulos de doutorado. Elas também conquistam quatro em cada dez diplomas em medicina e aproximadamente metade de

---

[1] Women in the labor force: a databook. Report 973, U.S. Department of Labor, Bureau of Labor Statistics, fevereiro de 2004, p. 9.
[2] Ibid., p. 6.
[3] Ibid., p. 19.
[4] National Institute of Child Health and Human Development Early Child Care Research Network. Does amount of time spent in child care predict socioemotional adjustment during the transition to kindergarten. *Child Development*, v. 74, n. 4, p. 976, julho/agosto de 2003.

todos os diplomas de direito. Esse desempenho acadêmico indica que as mulheres irão exercer no futuro um papel importante em todos esses prestigiados campos. Porém, neste momento, as mulheres estão rapidamente se tornando líderes da nova economia. Existem mais de 8,5 milhões de empresas que pertencem a mulheres nos Estados Unidos.

As mulheres têm feito grandes avanços no mercado de trabalho e continuarão a fazer no futuro. Contudo, é importante lembrar que, quando falamos da força de trabalho feminina, a maioria ainda atua em áreas tradicionais e é motivada por necessidade financeira.

De acordo com o Escritório de Estatísticas do Trabalho, uma organização governamental especializada em análises estatísticas sobre o mercado de trabalho norte-americano, a ocupação mais comum das mulheres é a de secretária ou de assistente administrativa. As vinte principais profissões das mulheres que trabalham em tempo integral – que juntas empregam mais de 40% de toda a força de trabalho feminina em tempo integral – são impressionantemente tradicionais, incluindo professoras do ensino fundamental, enfermeiras, caixas e garçonetes.[5] Advogadas e médicas/cirurgiãs não fazem parte da lista: cada uma dessas profissões emprega bem abaixo da metade do número de mulheres que exercem a função de cozinheira, a vigésima ocupação mais frequente entre a força de trabalho feminina.

Muitas mulheres empregadas nessas ocupações consideram seu emprego pessoalmente gratificante e trabalham porque gostam do que fazem, e não apenas por necessidade. Contudo, essa lista de ocupações está em claro contraste com a representação das mulheres que trabalham que costuma ser encontrada na televisão e nas revistas femininas.

A maior fonte de satisfação das mulheres não é seu trabalho

Considerando essa realidade, não é surpresa que muitas mulheres – em particular aquelas com filhos – mostrem sentimentos contraditórios em relação a seu trabalho. Em 1996, o Fórum de Mulheres Independentes encomendou uma pesquisa que fez a seguinte pergunta: "Se você tivesse dinheiro suficiente para viver confortavelmente como gostaria, iria preferir trabalhar em tempo integral, trabalhar em tempo parcial, dedicar-se ao trabalho voluntário ou ficar em casa para cuidar de sua família?". Um terço respondeu que o trabalho em tempo parcial seria o ideal. Mais ou menos outro terço preferiria ficar em casa com os filhos.

---

[5] 20 leading occupations of employed women full-time wage and salary workers, 2003 annual averages. U.S. Department of Labor, Women's Bureau, 25 de abril de 2005. Disponível em: http://www.dol.gov/wb/factsheets/20lead2003.htm.

Vinte por cento disseram que o ideal seria fazer trabalho voluntário e apenas 15% optariam por um emprego de tempo integral.[6]

O Centro de Pesquisa Pew sobre População e Imprensa obteve um resultado semelhante ao realizar, em 1997, uma pesquisa com 1.101 mulheres norte-americanas sobre a maternidade no mundo moderno. Os pesquisadores perguntaram às mães com filhos com idade até 18 anos se, em uma situação ideal, prefeririam trabalhar em tempo integral, em tempo parcial ou não trabalhar. Com 44% das respostas, trabalhar em tempo parcial foi a escolha número um para essas mulheres. Três em cada dez prefeririam trabalhar em tempo integral. Porém, na realidade, mais da metade dessas mães trabalhava em tempo integral ou mais do que gostaria.[7]

Irá espantar bem poucos fora da Organização Nacional para Mulheres (NOW) saber que a maioria das mulheres de fato considera o trabalho remunerado menos satisfatório do que outras atividades mais pessoais. Os resultados da pesquisa do Centro Pew claramente indicam que as mulheres que colocam o tempo dedicado às pessoas amadas acima das suas carreiras estão agindo racionalmente em termos de promover sua felicidade a longo prazo. As mulheres, independentemente de sua situação de vida, classificam seu relacionamento com os entes queridos como sua maior fonte de felicidade pessoal e de realização.

Por outro lado, o trabalho é desproporcionalmente responsável por suas frustrações. Duas em cada dez mulheres que participaram da pesquisa do Centro Pew responderam que seu trabalho era frustrante durante grande parte ou todo o tempo, enquanto outros 50% se sentiam frustradas pelo menos parte do tempo. O trabalho ainda era uma fonte de felicidade para 60% das mulheres, mas isso faz da carreira profissional a fonte da felicidade menos consistente de todos os aspectos da vida incluídos na pesquisa.

Sem dúvida, parte das frustrações que as mulheres enfrentam relacionadas ao trabalho é o resultado de ter de equilibrar as responsabilidades profissionais com as obrigações familiares. A pesquisa do Centro Pew também descobriu que as mulheres se sentem frustradas pela falta de creches de qualidade a preços acessíveis. O fato de que as profissionais com renda mais alta obtêm maior satisfação de seu trabalho também sugere que à medida que as mulheres continuam a investir em educação e a conseguir posições de alto nível, o trabalho pode se tornar uma parte mais gratificante de sua existência. Contudo, esses resultados sugerem que a família e os relacionamentos são mais importantes do que a carreira profissional para a maioria das mulheres.

---

[6] YOEST, Charmaine. What do parents want? *The American Enterprise*, maio/junho de 1998.

[7] Motherhood today—a tough job, less ably done: as American women see it. Pew Research Center for the People & the Press, 9 de maio 1997.

As feministas, muitas vezes, procuram negar essa realidade. Sua compreensão equivocada ou sua indisposição de reconhecer os papéis reais que o trabalho e a família desempenham na vida das mulheres tem implicações políticas sérias, que vão além dos simples protestos contra a opressão da mulher. As feministas pressionam os responsáveis pelas políticas a abraçar programas e regulamentações destinados a levar as mulheres ao mercado de trabalho, mesmo se isso não for o que as mulheres desejam.

Capítulo Doze

O mito de ter tudo

Atualmente, desde o instante em que nascem, as jovens aprendem que todas as portas estão abertas para elas serem o que quiserem: astronautas, líderes políticas, atletas ou magnatas das finanças. O fato de hoje as mulheres terem tantas escolhas na vida é uma conquista que devemos comemorar.

Veja só!

 Os grupos feministas gostam de fantasiar que as mulheres podem ter tudo o que quiserem sem sacrificar o tempo que dedicam a suas famílias. Isso é falso, e a maioria das mulheres sabe disso.

 Como as pesquisas indicam, muitas mulheres sinceramente *querem* passar mais tempo com suas famílias.

 Muitas mulheres não querem ter de trabalhar fora de casa e o fazem somente por necessidade financeira.

Contudo, ter escolhas implica fazer escolhas. Alcançar o ponto máximo do sucesso profissional ou político exige muita dedicação e sacrifício. Tanto as mulheres quanto os homens enfrentam o dilema de ter de decidir como irão gastar seu tempo.

As mulheres, que tradicionalmente criam os filhos, muitas vezes sentem que são confrontadas por escolhas e dilemas diferentes daqueles que os homens enfrentam. Isso se deve, em parte, às expectativas que a sociedade impõe a cada um, mas a biologia e o forte impulso feminino para cuidar dos filhos com certeza são fatores importantes. Sejam quais forem as razões, mulheres e homens irão, muitas vezes, fazer diferentes escolhas sobre como empregar o seu tempo.

Os grupos feministas gostam de fantasiar que as mulheres podem ter tudo o que quiserem: trabalhar em tempo integral e se tornar líderes em seus setores, sem sacrificar o tempo que dedicam a suas famílias. É politicamente incorreto sugerir que uma dessas áreas floresce à custa da outra, ou que uma provoca um impacto na outra.

Contudo, a vida envolve escolhas. Uma carreira bem-sucedida, em geral, exige longas horas de trabalho e outros inconvenientes, como viagens e mudanças – sacrifícios que muitas mulheres não estão dispostas a fazer. Esse não é um problema que precisa de solução. Desde que as mulheres façam suas escolhas baseadas em suas próprias preferências, sua posição merece respeito.

As frustrações feministas em relação ao que as mulheres de fato querem

As feministas costumam se mostrar irritadas quando as mulheres escolhem a família em detrimento da carreira profissional. No livro *Not Guilty! The Good News for Working Mothers* [Inocente! As boas notícias para as mães que trabalham], Betty Holcomb analisa, com alguma apreensão, um ensaio escrito por uma estudante do segundo ano de Harvard que sentia como se estivesse em uma encruzilhada – de um lado, a vida profissional, e de outro, a vida de dona de casa, sendo que se sentia atraída por esta última.

A estudante de Harvard afirmou em seu texto que sabe qual será o preço que terá de pagar para chegar ao topo de sua profissão – muito tempo e total dedicação –, e não tem certeza de que seja esse o caminho que quer seguir ou se prefere reservar mais tempo para sua família:

> Se eu quiser alcançar o sucesso, e quero dizer realmente ter sucesso, em minha carreira, então tenho de me lançar nela de corpo e alma. Tenho de trabalhar além do horário para conseguir ser promovida. Levar trabalho para casa, se necessário. Viajar, se esse for o caso. Não importa qual profissão eu venha a escolher, terei de dar tudo de mim.

O fato de essa jovem reconhecer todo o esforço e dedicação necessários para qualquer profissional chegar ao topo de sua carreira e os dilemas que ela irá enfrentar causa espanto em Betty Holcomb, que lamenta que esses assuntos provoquem "questionamentos pessoais que se tornaram o objeto de longas discussões noite adentro" e que "muito frequentemente, essas conversas são impregnadas, e tumultuadas, por pressuposições sobre gênero".[1]

Essas conversas, na verdade, são de jovens envolvidas em uma importante busca interior sobre as prioridades da vida. Nenhuma das mulheres citadas em seu livro sugeria que *não poderia* ter uma vida profissional gratificante ao mesmo tempo que tivesse sua família; elas apenas reconheceram que poderiam não estar dispostas a fazer os sacrifícios necessários para alcançar os níveis mais elevados de suas profissões.

Em feroz defesa do direito das mulheres ao trabalho, Holcomb coloca a culpa pelos conflitos entre o trabalho e a casa na sociedade:

> Nenhum pesquisador sério nega que existam, hoje, conflitos reais entre o trabalho e as obrigações familiares, mas a questão é que esses conflitos não são inerentes aos papéis femininos que se encontram em expansão na sociedade. Esses conflitos não são inevitáveis. Ao contrário, eles resultam da hostilidade que as mães que trabalham enfrentam em toda parte. Então, os velhos e falsos estereótipos da boa profissional e da boa mãe servem para suscitar alguns dos mais lamentáveis tratamentos que as mulheres enfrentam no momento em que buscam ter uma vida decente e criar seus filhos.[2]

Ao contrário do que afirma Holcomb, os conflitos *são* inevitáveis: não há nenhuma maneira de eliminar o fato de que o dia tem somente 24 horas e que as mulheres não podem estar em dois lugares ao mesmo tempo. As mulheres estão diante de uma escolha entre passar mais horas de seu dia no trabalho ou mais horas de seu dia em casa e, inevitavelmente, essa escolha trará consequências.

Às vezes, as feministas se ressentem de que as pessoas têm a opção de dedicar, e serem recompensadas por dedicar, significativas horas extras a seu trabalho. Contudo, as mulheres têm a sorte de viver em uma época em que a escolha entre trabalhar fora e ficar em casa se tornou bem menos excludente. Trabalhar em casa, por exemplo, tem se tornado mais eficiente graças à tecnologia. Cada vez mais as empresas estão oferecendo aos funcionários horários mais flexíveis. Tudo isso faz a escolha entre trabalhar fora e ficar em casa menos difícil.

Ainda assim, sempre haverá dilemas e escolhas para quem busca equilibrar a carreira com outros interesses, incluindo a família. Será sempre difícil para uma pessoa escolher um horário mais flexível ou uma semana de trabalho reduzida e

---

[1] HOLCOMB, Betty. *Not guilty!: the good news for working mothers*. Nova York: Touchstone, 2000, p. 35.
[2] Ibid., p. 120.

> **Um Marco na História Feminista**
>
> "Bem, eu só queria que você soubesse que, às vezes, fico preocupada com o fato de eu ser uma profissional. Começo a pensar que meu trabalho é muito importante para mim. E, então, digo a mim mesma que as pessoas com quem trabalho são apenas as pessoas com quem trabalho. Mas, na noite passada, eu pensei: afinal, o que é uma família? São as pessoas que fazem você se sentir menos sozinha e realmente amada". [Ela soluça]
>
> – Mary Richards, *The Mary Tyler Moore Show**

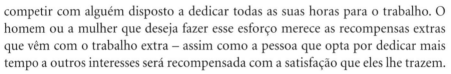

competir com alguém disposto a dedicar todas as suas horas para o trabalho. O homem ou a mulher que deseja fazer esse esforço merece as recompensas extras que vêm com o trabalho extra – assim como a pessoa que opta por dedicar mais tempo a outros interesses será recompensada com a satisfação que eles lhe trazem.

Os atletas enfrentam questões semelhantes. Um jovem corredor pode mostrar-se uma grande promessa, gostar de competir no esporte e ter o potencial para ser bem-sucedido nas Olimpíadas. No entanto, somente um grupo seleto está disposto a fazer o que é preciso para chegar lá – dedicar exaustivas horas em treinamentos a um grande custo pessoal e renunciar aos prazeres associados a uma vida mais "normal". Aqueles que optam por não fazer esses sacrifícios ainda podem ter uma experiência gratificante como corredores, mas não podem reclamar quando não tiverem a cobertura da televisão e as recompensas financeiras recebidas pelos poucos que se dedicaram e conquistaram medalhas de ouro nos Jogos Olímpicos.

A mesma dinâmica se aplica ao mundo dos negócios. As pessoas dispostas a trabalhar horas extras e a se dedicar integralmente a sua profissão, em geral, chegarão a patamares mais altos do que aquelas que assumem outras responsabilidades ou atividades fora do trabalho – seja cuidar dos filhos, participar de serviços comunitários ou treinar o cachorro para competições. As jovens são sensatas ao refletir sobre se preferem dedicar seu tempo à família ou à carreira. Devemos nos esforçar para garantir que as jovens saibam que todas as opções estão abertas para elas, mas é errado lhes dizer que não existem dilemas e conflitos entre trabalho e família.

---

* *The Mary Tyler Moore Show* foi uma série de TV norte-americana exibida na década de 1970 que contava a história de Mary Richards, uma mulher independente, solteira e profissionalmente bem-sucedida. (N. T.)

A guerra da desigualdade salarial

Muitas feministas se recusam a reconhecer que as mulheres e os homens fazem escolhas diferentes quando se trata de trabalho e família. Essas escolhas levam a resultados diferentes. É politicamente correto culpar a discriminação por esses resultados diferentes.

Considere a preocupação das feministas em relação à desigualdade salarial. O Departamento do Trabalho dos Estados Unidos coleta uma série de dados e elabora estatísticas que fornecem um panorama de ocupações e salários dos norte-americanos. Nenhum outro número recebe mais atenção do que os dados que comparam a renda média de uma mulher que trabalha em tempo integral à de um homem no mesmo regime de trabalho. Em geral, o governo calcula que, em média, a mulher recebe cerca de três quartos do salário do homem.

Se você aceitar que todas as mulheres são profissionalmente iguais aos homens – trabalham na mesma função e dedicam o mesmo tempo e energia a suas ocupações –, então esse dado é uma declaração de guerra. Nesse caso, as mulheres estão sendo discriminadas e alguma coisa precisa ser feita agora!

Os políticos liberais estão aceitando essa declaração de guerra. O ex-candidato a presidente dos Estados Unidos, senador John F. Kerry, em um debate durante a campanha de 2004, declarou que o governo precisa tomar medidas para solucionar o grave problema da desigualdade salarial entre os sexos. Todos os anos, os grupos feministas realizam eventos e manifestações no "Dia do Salário Igual". Em 2005, o dia foi comemorado em 19 de abril e a então senadora Hillary Clinton estava entre os oradores do evento, cujo objetivo era conscientizar a opinião pública sobre a opressão sofrida pelas mulheres, evidenciada pela desigualdade salarial. De acordo com as feministas, o Dia do Salário Igual será aquele em que as mulheres, enfim, terão trabalhado o suficiente em um ano para compensar as perdas do ano anterior.

As estatísticas do Departamento do Trabalho ignoram os muitos fatores relevantes que afetam a remuneração de um trabalhador. Para começar, não se ajustam ao número de anos trabalhados. Em média, as mulheres passam cerca de uma década fora do mercado de trabalho para cuidar de suas famílias. Não deveria ser nenhuma surpresa que uma mulher de 35 anos de idade ao entrar novamente nesse mercado após dez anos fora venha a ganhar menos do que um homem ou uma mulher que trabalharam ininterruptamente durante esse período.

Os dados estatísticos sobre a desigualdade salarial também não consideram a formação educacional. Hoje, as mulheres detêm mais da metade de todos os diplomas de bacharelado e mestrado, mas nem sempre foi assim. As profissionais mais velhas no mercado de trabalho tendem a ter níveis menores de educação formal do que seus colegas homens, o que afetava os rumos de sua carreira, seus salários e, por último, os próprios dados do Departamento do Trabalho.

> **Perigo Vermelho**
>
> O Comitê Nacional para a Igualdade Salarial, que organiza os eventos do Dia do Salário Igual, conclama os ativistas para:
> Usar VERMELHO no Dia do Salário Igual para simbolizar o quanto as mulheres e as minorias estão "no vermelho" com seu salário!

Em geral, as mulheres e os homens também têm prioridades diferentes ao avaliar oportunidades de emprego. Uma pesquisa com mulheres que trabalham revelou que para cerca de três quartos delas um horário flexível era "muito importante" quando consideravam uma proposta de emprego. Isso significa que muitas mulheres estão dispostas a trocar mais dinheiro por maior flexibilidade ou afastamento.[3]

As defensoras do gênero nas organizações Feminist Majority e NOW lamentam que as mulheres ainda sacrifiquem suas carreiras para assumir uma parcela desproporcional da responsabilidade de criar os filhos. Porém, como as pesquisas indicam, muitas mulheres sinceramente *querem* passar mais tempo com suas famílias. Portanto, independentemente de ser uma questão de dever ou de vontade, as mulheres que trabalham em tempo integral tendem a passar menos tempo no escritório do que os homens que também fazem tempo integral. Um estudo do Departamento do Trabalho revelou que uma mulher que trabalha em tempo integral passa meia hora, ou 7%, a menos no escritório em um dia de trabalho comum do que o típico funcionário de tempo integral do sexo masculino.[4]

Vários estudos que levaram esses fatores em consideração descobriram uma desigualdade salarial consideravelmente menor entre homens e mulheres. Um desses estudos analisou homens e mulheres sem filhos com idades entre 27 e 33 anos e mostrou que as mulheres desse grupo ganhavam 98 centavos para cada dólar embolsado pelos homens.

Warren Farrell, antigo membro do conselho da NOW, seção de Nova York, escreveu um livro chamado *Why Men Earn More* [Por que os homens ganham mais], que analisa as decisões que as pessoas tomam ao escolher uma carreira e

---

[3] Motherhood today — a tough job, less ably done: as american women see it, p. 7.
[4] Time-use survey. Bureau of Labor Statistics, Department of Labor, 14 de setembro de 2004. Disponível em: http://www.bls.gov/news.release/pdf/atus.pdf.

um emprego.[5] O autor identifica 25 decisões que os indivíduos tomam em relação ao trabalho e revela como, em média, os homens tendem a tomar decisões que aumentam seu salário, enquanto as mulheres nem sempre escolhem a opção que levará a uma remuneração melhor. Além de as mulheres passarem mais tempo fora do mercado de trabalho e trabalharem menos horas do que os homens, elas tendem a escolher empregos que exijam menos viagens e estão menos dispostas a se mudar por causa de um emprego. Por sua vez, os homens assumem funções de mais alto risco – 92% das mortes que ocorrem no local de trabalho são de pessoas do sexo masculino – e também empregos que exigem o enfrentamento das condições climáticas.[6]

Reconhecer esses dilemas e essas escolhas fortalece as mulheres no sentido de ganhar mais dinheiro e as libera do sentimento de que são automaticamente vítimas de discriminação. Ao identificar os fatores que afetam os salários, Farrell mostra o caminho para as mulheres aumentarem seus ganhos, se quiserem receber o mesmo que os homens. O autor também discute as escolhas que as pessoas devem fazer. Um salário mais alto, em geral, tem seu preço – seja assumir riscos físicos maiores, passar mais tempo na estrada ou fazer horas extras no escritório. Assim que você perceber que *poderia* ganhar mais, mas não está disposta a fazer o que for preciso para conquistar esse dinheiro extra, irá se sentir melhor sobre a situação que enfrenta.

Se você ainda não está convencida de que "75 centavos de cada dólar" é um equívoco estatístico, pense o que significaria se isso fosse verdade. Se as mulheres desempenhassem a mesma função que os homens por três quartos do salário, então uma empresa que contratasse somente mulheres teria uma enorme vantagem sobre seus concorrentes. Seus custos fixos com pessoal seriam muito menores para o mesmo volume de produção. O sexismo no mercado teria de ser tão forte que as demais empresas prefeririam perder negócios e ter custos mais elevados com a mão de obra – talvez ir à falência – do que contratar mais funcionárias do sexo feminino. Acreditar que uma enorme e persistente desigualdade salarial existe é acreditar que as empresas norte-americanas – incluindo aquelas dirigidas por mulheres – são economicamente insensatas.

O mercado não toleraria tal insensatez. Com certeza, algumas mulheres sofrem discriminação e são tratadas de maneira injusta, o que afeta seu salário e esses dados estatísticos. Porém, a insistência feminista de que essa desigualdade salarial é resultado de pura discriminação ignora as verdadeiras escolhas que as mulheres norte-americanas fazem em relação a suas carreiras.

---

[5] FARRELL, Warren. *Why men earn more*. Nova York: American Management Association, 2005.

[6] Ibid., p. 27, 44.

Por que queremos que as mulheres trabalhem como os homens?

É importante compreender as causas da desigualdade salarial, mas é também importante reconhecer por que alcançar a igualdade sobre essa medida artificial é um objetivo sem sentido. Por que deveríamos esperar ou querer que homens e mulheres tivessem exatamente as mesmas preferências em relação ao trabalho?

Se algumas mulheres preferem abrir mão de ganhar mais para ter mais tempo com a família, então a "desigualdade salarial" que daí resulta não é um problema – é apenas um número. As tentativas para "corrigir" esse problema poderiam piorar a situação das mulheres. Por exemplo, grupos feministas trabalham para a aprovação de normas que obriguem as empresas a submeter à Comissão de Igualdade de Oportunidades de Emprego dos Estados Unidos seu processo de definir e ajustar os salários. Porém, como as empresas se comportariam sob esse novo regime? Para se adequar a essa norma e evitar a ameaça de intervenção do governo, muitos empregadores deixariam de oferecer os regimes de trabalho flexível, mais atraentes para muitas mulheres. Também passariam a exigir a presença de todos os funcionários no escritório rigorosamente das nove às cinco, todos os dias, sendo que todos receberiam a mesma compensação. Aqueles que desejassem negociar um contrato diferente – como trabalhar menos horas ou em casa – poderiam ter mais dificuldades para encontrar um emprego.

Um Livro que Não Era para Você Ler

Why Men Earn More: The Startling Truth Behind the Pay Gap – and What Women Can Do About It [Por que os homens ganham mais: a incrível verdade por trás da desigualdade salarial – e o que as mulheres podem fazer com ela], de Warren Farrell, Ph.D. Nova York: Amacom, 2005.

O sonho feminista de igualdade em todas as esferas da vida pode jamais se realizar. Se as mulheres, em média, não desejam passar a vida lutando para subir a escada do sucesso profissional, as feministas devem respeitar essa decisão e deixar de forçá-las a assumir papéis que desconsideram suas verdadeiras preferências.

Em vez de supor que as mulheres estão fazendo escolhas ruins e em vez de desenvolver políticas públicas para fazê-las agir mais como homens, Warren Farrell desafia seus leitores a pensar que as mulheres estão fazendo escolhas racionais quando optam por não melhorar seus rendimentos:

> Aqui está o paradoxo do salário que *Why Men Earn More* explica: os homens ganham mais, portanto os homens têm mais poder; e os homens ganham mais, portanto os

homens têm menos poder (ganhar mais como uma obrigação, e não uma opção). O inverso é verdadeiro para as mulheres: as mulheres ganham menos, portanto as mulheres têm menos poder; e as mulheres ganham menos, portanto as mulheres têm mais poder (a opção de criar os filhos, ou de não aceitar um emprego perigoso). [...] Um salário baixo faz com que nos sintamos desvalorizados, a menos que tenhamos a consciência de que as decisões que tomamos de aceitar um salário baixo são uma escolha em troca da qual recebemos a fatia de vida que queremos. Assim, podemos nos sentir poderosos e felizes, em vez de cheios de raiva porque nos sentimos como vítimas de discriminação.[7]

As feministas devem confiar que as mulheres estão fazendo escolhas em seu melhor interesse e parar de reclamar dos resultados que aparecem nas estatísticas sem sentido, como a "desigualdade salarial". Afinal, a maioria das mulheres sabe que dinheiro não é tudo.

Ter mais mulheres trabalhando não é motivo de comemoração

O papel cada vez mais importante das mulheres na economia é frequentemente comemorado como prova *de facto* do progresso feminino. Comecei o capítulo anterior com esse mesmo pressuposto.

Porém, a realidade é que muitas mulheres não querem ter de trabalhar fora de casa e somente o fazem por necessidade. Elas prefeririam empregar seu tempo em cuidar dos filhos e contribuir para suas comunidades.

Em vez de buscar políticas públicas que facilitem a entrada das mulheres no mercado de trabalho – como oferecer serviços subsidiados de atendimento à criança e a regulamentação das empresas –, os responsáveis por essas políticas deveriam pensar em criar um ambiente que permitisse às mulheres fazer escolhas que refletissem suas preferências. Para muitas mulheres, isso pode significar trabalhar menos e passar mais tempo com seus filhos.

---

[7] Ibid., p. xxiv-xxv.

Capítulo Treze

Ilusões sobre a creche

A ansiedade da mulher que trabalha não é realmente em relação a ela, mas em relação às crianças. Alguns grupos de mulheres querem nos fazer acreditar que a ansiedade em torno da migração feminina para o mercado de trabalho existe porque os homens simplesmente não se sentem à vontade com mulheres em posições de poder. E também porque eles não querem competir com elas por um emprego, nem controlar sua linguagem na presença das senhoras. E, com certeza, há alguma verdade no seguinte: alguns homens desejam voltar a um mundo quase mítico onde os escritórios eram como vestiários masculinos e as mulheres eram apenas parte da decoração.

Veja só!

 As feministas recuam diante de pesquisas que sugerem que as crianças que são criadas pelos próprios pais se desenvolvem melhor do que aquelas que passam o tempo todo em uma creche.

 O atendimento que os grupos feministas e o governo mais estimulam – qual seja, a creche institucional* – é o tipo de atendimento menos popular entre os pais.

 Em geral, as pessoas acreditam que os pais e outros membros da família ou os amigos íntimos cuidam melhor de seus filhos.

---

* Nos Estados Unidos, além das creches ligadas a instituições públicas ou privadas, existe um sistema de creches familiares bastante difundido no país, que consiste de um pequeno número de crianças atendidas na casa da pessoa que cuida, o que oferece uma atmosfera de família e atenção personalizada. (N. T.)

No entanto, se fossem apenas mais umas poucas mulheres no escritório e umas poucas refeições a menos esperando os homens quando chegassem em casa à noite, essa brisa cultural teria passado rápido. Porém, trata-se de uma tempestade, porque as crianças estão no centro desses acontecimentos.

As mulheres com filhos não entram simplesmente no mercado de trabalho, elas também deixam a casa e, por isso, têm de encontrar soluções alternativas para cuidar de suas crianças. As necessidades quase constantes dos bebês e das crianças pequenas devem ser atendidas por outra pessoa – seja um profissional em uma creche ou alguém da família. As crianças em idade escolar têm de voltar para uma casa vazia ou passar a tarde em atividades extracurriculares quando a mãe não está em casa.

Claro, o pai também tem um papel importante a desempenhar nessa equação, um papel cada vez maior na criação dos seus filhos.

Porém, tradicionalmente, é a mulher quem cuida das crianças, e a maioria das mães, incluindo as que trabalham fora, continua a reivindicar esse papel. Como essas mulheres saem de casa para ir trabalhar, elas dependem dos outros para assumir suas responsabilidades enquanto estão fora. Qual é o efeito dessa importante mudança social na vida das crianças?

Essa é uma questão importante e difícil de responder. Os pesquisadores enfrentam uma árdua batalha para distinguir o impacto das creches e da pré-escola de outros numerosos fatores que influenciam a vida dos pequenos. Também é um barril de pólvora ideológico.

As feministas recuam diante de pesquisas que sugerem que as crianças que são criadas pelos próprios pais se desenvolvem melhor do que aquelas que passam o tempo todo em uma creche. Elas podem não gostar, mas nós precisamos ter uma discussão aberta e honesta a respeito dos efeitos que as creches têm sobre as crianças. E enquanto isso não for politicamente correto, o peso das evidências mostra que as crianças criadas por seus pais tendem a se desenvolver um pouco melhor, em termos de comportamento e de afeição, do que aquelas que frequentam creches – sobretudo quando a qualidade do atendimento é baixa.

Isso não significa que todas as mulheres precisam deixar seus empregos para cuidar de seus filhos, mas que elas devem conhecer as pesquisas ao tomar decisões sobre as formas de atendimento e educação infantil.

A posição politicamente correta: mais financiamento público para creches institucionais

Questionar os efeitos da creche sobre as crianças, em geral, é interpretado como um ataque contra as mulheres que trabalham. Os grupos feministas e os programas de estudos sobre a mulher, muitas vezes, citam a falta de apoio do governo federal norte-americano às creches como prova da falta de vontade de promover a igualdade das mulheres. Para esses grupos, a norma social que determina o papel principal da mulher como mãe é um produto do patriarcado.

> **Um Livro que Não Era para Você Ler**
> *Home-Alone America: The Hidden Toll of Day Care, Behavioral Drugs, and Other Parent Substitutes* [A América sozinha em casa: o preço oculto da creche, das drogas comportamentais e de outros substitutos dos pais], de Mary Eberstadt. Nova York: Sentinel, 2004.

Por exemplo, o livro de estudos da mulher já citado anteriormente, *Thinking About Women* [Uma reflexão sobre as mulheres], toma como verdade que as normas existentes que colocam a mulher no centro da criação dos filhos são equivocadas, antinaturais e antimulheres.[1] A autora conclui suas análises sobre a criação dos filhos afirmando que a família é "um conceito ideológico" e o centro de inúmeros problemas, reivindicando novas políticas de atendimento à criança que levem em consideração as novas realidades da vida familiar.[2]

De maneira semelhante, outro livro de estudos sobre a mulher, *Women in American Society* [Mulheres na sociedade norte-americana], considera a falta de

---

[1] "Em grande parte, a criação dos filhos nos Estados Unidos é, em virtude do caráter da família, um sistema de atendimento privado. A unidade pais-filho é supostamente autossuficiente e, devido à divisão do trabalho por gênero, a responsabilidade pela criação dos filhos cai pesadamente sobre a mulher. A crença das mães (e de outras pessoas que cuidam de crianças) é baseada na presunção de que os filhos são mais bem cuidados por sua mãe biológica. Exceções a essa conformação realmente existem, muito embora, ainda assim, toda a organização para assegurar os cuidados com os filhos seja feita pela mãe, e são outras mulheres que fazem o trabalho. Embora essa situação seja cada vez mais impraticável, as mães, em geral, assumem a maior parte da responsabilidade pela criação de seus filhos." Andersen, p. 189.

[2] "Uma série de problemas sociais da atualidade está localizada na família. A violência contra as mulheres na família – na forma de surras, estupro conjugal e incesto – reflete a falta de poder das mulheres na sociedade. [...] Finalmente, as mudanças na organização familiar criaram maiores necessidades sociais em relação ao cuidado dos filhos. A resistência a sistemas organizados de cuidados com as crianças tem origem, em parte, na crença de que só as mães biológicas podem cuidar melhor de seus filhos. Em resumo, são necessárias novas políticas que ofereçam apoio às diferentes necessidades das famílias e que reconheçam as novas demandas que surgem devido às mudanças nos sistemas de trabalho e na vida familiar." Ibid., p. 192-93.

apoio institucional para a criação dos filhos fora de casa como parte do sistema político de dominação masculina que impede as mulheres de progredir:

> Muitas políticas familiares são implementadas de maneira a afetar os homens o mínimo possível. Consideremos o caso da educação dos filhos. Em uma família composta por um casal em que ambos trabalham fora, a criação dos filhos é, em geral e principalmente, responsabilidade da mulher. É a mulher, e não o homem, a responsável pelos cuidados com as crianças. Acredita-se que creches e babás sejam parte da estrutura da vida das mulheres, e não dos homens. [...]
>
> Naturalmente, o sistema político de dominação masculina é lento para desenvolver políticas que beneficiem as mulheres porque essas políticas, muitas vezes, implicam novos custos para os homens. [...] Se as políticas relacionadas à família e ao emprego outorgam às mulheres a responsabilidade de cuidar das crianças, os homens têm mais liberdade para participar de atividades fora do lar e para tomar suas próprias decisões do que teriam no âmbito de políticas que apoiam a divisão igualitária das responsabilidades familiares.[3]

Para o esquerdista corpo acadêmico dos programas de estudos da mulher, não há um debate sobre as políticas que *deveriam* ser formuladas em termos de assistência às crianças norte-americanas. O socialismo estilo europeu é o modelo ideal, enquanto o sistema norte-americano é chamado de "o programa mais miserável entre as principais nações industrializadas", sendo descrito como flagrantemente antimulher.[4]

Esse sentimento também pode ser observado em organizações feministas e em políticos de esquerda. Quando era a primeira-dama dos Estados Unidos, Hillary Clinton defendeu um maior envolvimento do governo na assistência e educação dos filhos em seu livro *É tarefa de uma aldeia*, cujo capítulo "Criar uma criança não é um esporte de espectadores" começa com a descrição do sistema socialista--utópico francês de educação infantil:

> Imagine um país em que quase todas as crianças entre 3 e 5 anos de idade frequentem a pré-escola em animadas salas de aula com professores contratados e treinados como profissionais especializados em atendimento infantil. Imagine um país que concebe a educação infantil como um programa para "acolher" as crianças em uma comunidade maior e "despertar" seu potencial para aprender e crescer.
>
> Pode parecer bom demais para ser verdade, mas não é. Quando estive na França em 1989 como parte de um grupo que estudava o sistema francês de educação infantil, vi

---

[3] Sapiro, p. 295.
[4] Ibid., p. 435.

o que acontece quando um país faz do atendimento à criança uma prioridade. Mais de 90% das crianças francesas entre 3 e 5 anos de idade frequentam pré-escolas gratuitas ou de baixo custo. [...] Mesmo antes de atingirem a idade de 3 anos, muitas delas estão em programas de tempo integral. [...]
Não é surpresa que tantos pais franceses – mesmo as mães que não trabalham fora de casa – prefiram enviar seus filhos para esses centros subsidiados pelo governo.[5]

Clinton reconhece que os Estados Unidos não podem adotar o sistema francês completamente, já que têm a notável desvantagem de exigir um generoso apoio financeiro dos contribuintes. Contudo, ela deixa claro que o governo deveria ter um papel muito mais ativo na regulamentação do atendimento infantil e subsidiar creches de maneira que as tornasse uma opção para mais pais e mães.

Só aqueles que não gostam de crianças, que querem tolher seu desenvolvimento e que impedem o avanço das mulheres se oporiam à educação infantil oferecida pelo governo – é esse mais ou menos o pensamento de boa parte da esquerda. Um outro livro de estudos da mulher chega ao ponto de relacionar a relutância de muitos conservadores em aceitar a intervenção do governo em assuntos como o atendimento infantil com a aprovação da agressão contra a esposa e do abuso infantil.[6]

O papel do governo na guerra das mães

Opor-se à criação de um sistema de creches financiado pelo governo está longe da aprovação do abuso infantil. Essa oposição é baseada em um conceito de justiça: as famílias que querem manter um dos pais em casa com seus filhos não deveriam ter de pagar impostos para sustentar o atendimento dos filhos de outras pessoas.

A intervenção do governo na área de educação infantil é o campo de batalha número um da assim chamada "guerra das mães", ou o conflito entre os interesses das mães que trabalham fora e os daquelas que ficam em casa. As feministas lutam por políticas que reduzam os custos do atendimento infantil pago, o que soa como

---

[5] CLINTON, Hillary Rodham. *É tarefa de uma aldeia: e outras lições que as crianças nos ensinam*. Rio de Janeiro: Revan, 1997.

[6] "Os conservadores também argumentam que o estímulo para os indivíduos sustentarem as próprias famílias foi extirpado por programas financiados com recursos públicos, especialmente aqueles dirigidos aos pobres. O governo interfere na família dizendo aos pais como cuidar e educar seus filhos e como o marido e a esposa devem tratar um ao outro (por exemplo, proibindo os pais e os maridos de bater em seus filhos e esposas)." Virginia Sapiro, p. 437.

um ataque ao valor das mães que ficam em casa. Afinal de contas, se existem creches gratuitas para as famílias, então qual o valor da mãe que cuida de seus filhos em casa? Considerando que ela pode ser substituída sem nenhum custo, torna-se mais difícil – mesmo para as famílias que acreditam que os pais oferecem cuidados superiores – continuar a renunciar a uma segunda renda. A mensagem implícita na ideia de haver creches gratuitas ou subsidiadas é que as mulheres devem sair de casa, deixar seus filhos nas mãos de profissionais e ganhar a rua.

Naturalmente, cuidar das crianças nunca é gratuito, mesmo que esse serviço seja fornecido sem ônus para os usuários. Os contribuintes teriam de pagar a conta. E, considerando que os impostos aumentam para pagar esses serviços, fica mais difícil para uma família sobreviver com apenas um salário, obrigando muitas mulheres que prefeririam ficar em casa a entrar no mercado de trabalho.

Brian Robertson, autor de *Day Care Deception: What the Child Care Establishment Isn't Telling Us* [O logro da creche: o que o sistema de atendimento infantil não está nos contando], analisou essa dinâmica da seguinte maneira:

> A assim chamada "guerra das mães" não é simplesmente o resultado de uma retórica superinflamada dos dois lados do debate sobre creche; essa guerra é uma consequência natural do fato de que a pressão cada vez maior por um sistema nacional de atendimento surge à custa das mães que ficam em casa – e daquelas que prefeririam ficar em casa.[7]

Já existem políticas em vigor nos Estados Unidos que refletem esse viés em favor dos substitutos dos pais. O crédito fiscal para dependentes permite às famílias deduzir uma parcela das despesas com serviços de atendimento infantil. O valor do crédito pode chegar a 720 dólares para um filho ou 1.440 dólares para dois ou mais filhos.[8] A mulher que cuida sozinha de seus filhos, abrindo mão de trabalhar fora e de um salário, não ganha nada com essa política.

Que tipo de atendimento infantil as mulheres realmente querem?

Por ironia, o atendimento que os grupos feministas e o governo mais estimulam é o tipo de atendimento menos popular entre os pais. De acordo com a Pesquisa de Renda e Participação em Programas (um levantamento sobre renda e participação em programas do governo norte-americano), em 1993 – os dados mais recentes disponíveis – cerca de metade dos quase 10 milhões de crianças menores de 5 anos

---

[7] Robertson, p. 135.
[8] GISH, Melinda. *Child care issues in the 107th Congress*. Congressional Research Service, 10 de março de 2003, p. 5.

de idade era cuidada por parentes enquanto suas mães trabalhavam. A maioria dessas crianças estava sob os cuidados dos avós ou do pai. Vinte e um por cento eram cuidadas por "não parentes", incluindo babás ou creches familiares. Apenas 30% eram atendidas em creches organizadas, ou no que é, muitas vezes, chamado de atendimento institucional.[9]

Em 2000, a empresa de pesquisa norte-americana Public Agenda realizou um levantamento com 815 pais de crianças menores de 5 anos, incluindo grupos focais e entrevistas com empregadores, defensores das crianças e profissionais da área de atendimento infantil, trabalho esse que resultou no relatório intitulado "Necessary Compromises" [Compromissos necessários]. Os resultados do levantamento revelaram uma preferência ainda mais evidente pelo atendimento oferecido pelos próprios pais.

Diante da pergunta: "Em sua opinião, qual é o melhor tipo de atendimento e de cuidados que uma criança pode ter durante seus primeiros anos de vida: ter um dos pais sempre em casa; ter ambos os pais trabalhando em turnos diferentes para que um deles esteja quase sempre em casa; ter uma governanta ou uma babá em casa; ter um parente próximo cuidando da criança; deixar a criança com uma outra mãe no bairro, que cuida de crianças na própria casa; ou colocar a criança em uma creche de qualidade?", 70% dos respondentes consideraram que o melhor era ter um dos pais em casa. Outros 14% preferiram ter ambos os pais trabalhando em turnos diferentes. Apenas 6% afirmaram que uma "creche de qualidade" era a melhor opção para as crianças.

Em uma outra pergunta, os pais preponderantemente indicaram a creche como a "opção menos preferida". Mais de sete em cada dez pais de crianças menores de 5 anos concordaram com a afirmação: "Os pais só deveriam depender de uma creche quando não tivessem outra opção".

Com certeza, muitos pais entrevistados concordaram que a creche tinha um papel a cumprir. Predominantemente, os pais compreendiam e simpatizavam com aqueles para quem a creche era uma necessidade. Muitos manifestaram seu apoio e preocupação para com o pai ou a mãe sozinhos e acreditavam que creches, incluindo programas de educação pré-escolar como o Head Start, deveriam estar disponíveis e poderiam ajudar as crianças de famílias de baixa renda. Além disso, a maioria daqueles que dependiam das creches para cuidar de seu filho mais novo estava satisfeita com esse tipo de atendimento, embora não fosse seu ideal expresso.

---

[9] CASPER, Lynne M. *Whose minding our preschoolers?* Current Population Reports, Household Economic Studies, p. 70-53, U.S. Department of Commerce, Economics and Statistics Administration, março de 1996, p. 1.

> **Somos o governo e viemos para ajudar**
>
> A maioria dos pais de crianças pequenas afirma que eles próprios, e não o governo, nem os empregadores, nem a sociedade em geral, devem assumir a responsabilidade de cuidar dos filhos. Poucos pais espontaneamente propõem que o governo ofereça serviços complementares ou subsídios para ajudá-los, e poucos expressam algum ressentimento em relação a sua carreira ou aos dilemas e escolhas financeiras que eles precisam fazer durante os primeiros anos de vida de seus filhos. Apenas um em cada cinco pais acredita que tornar o atendimento infantil mais acessível financeiramente é uma prioridade maior do que opções como melhorar as escolas, ampliar os serviços de saúde ou reduzir os impostos.
>
> Public Agenda, "Necessary Compromises" [Compromissos necessários]

No geral, esse levantamento revela que a maioria dos pais acredita que ter o pai ou a mãe em casa é a melhor maneira de criar uma criança; muito poucos estão clamando pela intervenção do governo no atendimento infantil; e um número ainda menor abraça a visão feminista do atendimento institucional universal financiado pelo governo como a forma ideal de criar os filhos nos Estados Unidos.

Trata-se de culpa ou de instinto maternal?

Por que tantas mulheres relutam em usar as creches institucionais? Sobretudo porque as pessoas, em geral, acreditam que os pais, outros membros da família ou amigos íntimos são capazes de cuidar melhor de seus filhos. A pesquisa do Centro Pew descobriu que todas as mulheres, incluindo as que trabalhavam, acreditavam que as crianças pequenas eram mais bem atendidas quando um dos pais ficava em casa:

> Apenas 29% acreditam que quando ambos os pais trabalham em tempo integral, em geral, podem educar bem seus filhos. A mesma proporção afirma que a maioria das mães sozinhas também é capaz de criar bem uma criança. De maneira impressionante, apenas 41% das mães que trabalham em tempo integral acreditam que essa situação é boa para os filhos. As mulheres, sejam as que trabalham fora ou não, creem que o arranjo mais tradicional, em que o pai trabalha em tempo integral e a mãe fica em casa, é a melhor opção para criar os filhos. Por fim, 41% das mulheres afirmam que o número cada vez maior de mães que entram no mercado de trabalho é ruim para a sociedade, o que representa o dobro das mulheres que acham que isso é bom (apenas 17%).[10]

---

[10] Motherhood today—a tough job, less ably done: as american women see it, p. 1.

Da mesma maneira, a Public Agenda revelou que a preferência dos pais por cuidar eles mesmos dos filhos estava enraizada na crença de que os pais estão em melhor posição de criar os filhos e que as creches simplesmente não podem dedicar a mesma atenção às crianças.

A preferência para os pais ficarem em casa poderia ser nada mais do que o resultado da tradição ou do sentimento de inadequação da mãe que trabalha, alimentado pela culpa (desnecessária). Livros têm sido escritos na tentativa de eliminar a culpa que as mulheres podem sentir quando trabalham fora e defender a ideia de que a sociedade precisa se mobilizar para ajudá-las. Considere a seguinte passagem de *Not Guilty! The Good News for Working Mothers* [Inocente! As boas notícias para as mães que trabalham]: "Todos os dias, de várias maneiras, elas [as mães que trabalham fora] veem suas escolhas esmiuçadas, sua motivação sob ataque, o bem-estar de seus filhos constantemente colocado em questão".[11]

De maneira semelhante, Joan K. Peters, em *Mães que trabalham fora: segredos para conciliar a vida profissional e familiar*, discute como as mulheres que trabalham são responsabilizadas pelos problemas de seus filhos e convida a sociedade a atualizar seu conceito sobre o papel de mãe:

> Hoje presumimos que a causa comum de todas as desgraças dos filhos é o trabalho de sua mãe, que a impede de se dedicar integralmente à educação das crianças. Enquanto isso, ignoramos a causa mais complicada: nossa incapacidade de modernizar a concepção de maternidade, reestruturar a família e mudar a sociedade em conjunto com o caráter em transformação da vida das mulheres.[12]

Em essência, esses livros defendem as mães que trabalham fora e conclamam a sociedade a apoiar, em vez de condenar, o fato de que as mulheres estão cada vez mais presentes no mercado de trabalho e menos disponíveis para educar seus filhos em tempo integral.

Eles se apoiam em pesquisas que mostram que as crianças podem se desenvolver em creches, algumas melhor do que sob os cuidados constantes de sua mãe. No entanto, a maioria desses livros discute a importância do trabalho na vida da mãe, em termos de ajudar a alcançar o equilíbrio e a manter uma identidade separada, argumentando que esses benefícios pagam dividendos a seus filhos. Como Holcomb enfatiza:

> A ideia de que as crianças inevitavelmente sofrem quando as mães trabalham, que os interesses das mulheres e os interesses das crianças estão em desacordo, alcançou ampla

---

[11] Holcomb, p. 22.
[12] PETERS, Joan K. *Mães que trabalham fora: segredos para conciliar a vida profissional e familiar*. São Paulo: Mandarim, 1999.

aceitação. E o mesmo acontece com a noção de que as mulheres ficam inevitavelmente esgotadas quando procuram combinar o trabalho com as obrigações familiares. Porém, essas ideias estão simplesmente equivocadas.[13]

> **Um momento decisivo politicamente correto: Doutor Spock**
>
> [...] em *Um mundo melhor para os nossos filhos*,* o doutor Benjamin Spock sugere, de um modo casual, que "é particularmente desejável que os pais dediquem tempo aos filhos durante seus primeiros três anos de vida – o que está longe de seu conselho anterior de que a presença das mães junto dos filhos "tanto quanto possível" durante esses anos cruciais é uma "necessidade". Spock explicou essa mudança de orientação com uma franqueza surpreendente:
>
> > "Estou temeroso em afirmar muito categoricamente coisas como 'Você deveria ficar em casa!', porque nas primeiras edições de *Meu filho, meu tesouro*** eu disse que 'os primeiros anos são muito cruciais, e talvez você devesse pensar em adiar as vantagens de ganhar o sustento'. Então, as mulheres me atacaram, [dizendo] 'Você fez com que eu me sentisse muito culpada!'. Porém, percebi que elas saíam para trabalhar de qualquer maneira, mesmo sentindo-se culpadas, e esse é [...] o pior de todos os arranjos possíveis. Assim, simplesmente descartei o conselho. É uma coisa covarde que fiz: simplesmente descartei a passagem nas edições seguintes".
>
> **Brian C. Robertson,** *Day Care Deception: What the Child Care Establishment Isn't Telling Us* [O logro da creche: o que o sistema de atendimento infantil não está nos contando]

Ao defender os efeitos da creche sobre as crianças, Holcomb se esforça para minimizar o impacto que a ausência da mãe terá sobre seus filhos: "Em muitos

---

[13] Holcomb, p. 23.
* SPOCK, Benjamin. *Um mundo melhor para os nossos filhos*. Lisboa: Difusão Cultural, 1996. (N. T.)
** SPOCK, Benjamin. *Meu filho, meu tesouro: como criar seus filhos com bom senso e carinho*. Rio de Janeiro: Record, 2002. (N. T.)

casos, um emprego terá um significado muito menor na vida de uma criança do que, por exemplo, uma mudança da família, problemas conjugais ou um dos pais sofrendo de depressão". Assim, a autora reconhece que a ausência da mãe *pode* ser traumática para as crianças – semelhante aos conflitos conjugais ou a uma doença dos pais, coisas que esperamos que as crianças possam evitar. Além disso, ela enfatiza os benefícios que um salário a mais pode trazer a uma família e que a maioria das crianças, independentemente das circunstâncias em que são criadas, fica muito bem.

Tudo isso é verdade. Nenhum pesquisador que conheço diz que a creche *irá* causar sérios problemas para a *maioria* das crianças. Contudo, isso não significa que as mulheres devem ignorar as pesquisas sobre o possível impacto das creches ou de quaisquer outras formas existentes para se criar os filhos. As mulheres, em particular, costumam ler pesquisas sobre os benefícios da última dieta da moda, da prática de exercícios ou da necessidade de proteger as crianças da exposição a essa ou àquela substância química, mesmo quando os riscos são diminutos. Assim, é do mesmo modo importante que as mulheres se informem sobre o possível impacto que o lugar onde seus filhos passam o dia pode ter sobre eles.

Os críticos da creche também são criticados

A questão da creche e do atendimento infantil carrega tamanha conotação política que é difícil fazer uma avaliação honesta das últimas pesquisas. Brian C. Robertson afirma com convicção que um padrão diferente é aplicado a estudos que criticam a creche institucional. Ele analisa o caso de um pesquisador, Jay Belsky, que caiu em desgraça depois de ter sido aclamado por uma pesquisa realizada no final da década de 1970 e início da década de 1980, na qual revelou que o atendimento infantil organizado não estava associado a efeitos negativos nas crianças. Contudo, quando outras pesquisas o levaram a questionar aqueles primeiros resultados e a concluir que a creche estava associada a efeitos negativos, ele viu a si mesmo e a suas pesquisas sob ataque feroz.[14]

Belsky destacou a hipocrisia de seus críticos que rejeitaram suas conclusões, que alegavam que os efeitos eram pequenos e não apareciam na maioria das crianças, mas que antes haviam defendido os resultados de uma magnitude semelhante quando a descoberta preferida deles foi confirmada: a qualidade do atendimento tem um impacto sobre as crianças.[15] Então, Belsky concluiu: "A qualidade do aten-

---

[14] Robertson, p. 42-43.

[15] "Por que os pesquisadores do Instituto Nacional de Saúde Infantil e Desenvolvimento Humano (NICHD) nunca deixaram claro que a grande maioria das crianças está exposta a serviços de baixa qualidade 'dentro dos limites da normalidade'? Por que, de fato, quando o estudo revelou, dois anos atrás, que o atendimento de baixa qualidade estava relacionado

dimento é importante [...] assim como a quantidade. Esta última parte parece ser uma verdade intolerável".[16]

Robertson faz referência a outros pesquisadores que também mudaram seu discurso sobre creches em resposta à repercussão contra aqueles que criticam o atendimento infantil institucional. T. Berry Brazelton, especialista em desenvolvimento infantil, inicialmente sugeriu que a separação precoce dos pais poderia provocar um impacto prejudicial nas crianças e, assim, recomendava evitar essa situação tanto quanto possível. Porém, em revisões posteriores de seu livro, ele retirou esse conselho e pediu desculpas por "contribuir para o sentimento de culpa das mães" por não ficarem em casa. De acordo com Robertson, Brazelton não apresenta novas evidências que possam refutar sua posição anterior, mas se comporta como se tivesse medo de ofender alguns pais ao mencionar fatos inconvenientes.[17]

O doutor Benjamin Spock também mudou sua posição inicial. Robertson descreve como o doutor Spock deixou de defender de maneira inequívoca a importância de as mães cuidarem de seus filhos e passou a minimizá-la, a fim de não ofender os pais. Da mesma maneira, os pesquisadores do atendimento infantil – incluindo aqueles ligados a importantes instituições governamentais, como o Instituto Nacional de Saúde Infantil e Desenvolvimento Humano (NICHD), que recebem milhões de dólares dos contribuintes para realizar pesquisas sobre essas questões – admitem sua relutância em divulgar as más notícias sobre as crianças. É Robert Rianta, pesquisador do NICHD, quem explicou: "Há mais cuidado em apontar implicações que possam ser preocupantes para os pais".[18]

Mas a creche também causa alguns efeitos negativos sobre as crianças

Os pais precisam conhecer os efeitos que o atendimento institucional provoca nas crianças para que possam tomar decisões conscientes. O peso das evidências sugere que as crianças mantidas em creches por longos períodos estão mais predispostas a apresentar problemas, incluindo transtornos comportamentais e emo-

---

a mais problemas de comportamento quando as crianças tinham dois ou três anos de idade, não se falou em agressividade 'dentro dos limites da normalidade'? E por que é que quando níveis maiores de agressividade e desobediência foram relacionados a situações como crescer na pobreza ou ser criado por uma mãe que sofre de depressão, ninguém nunca mencionou nada sobre agressividade 'dentro dos limites da normalidade', como eles tão elegantemente o fazem agora quando a questão é a profundidade do atendimento infantil?" Robertson, p. 54-55.

[16] Ibid., p. 55.
[17] Ibid., p. 71-72.
[18] Ibid., p. 104.

cionais, do que aquelas educadas em casa. No entanto, as crianças que frequentam creches de maior qualidade são menos propensas a sofrer efeitos nocivos e, além disso, podem desfrutar de alguns benefícios de uma crescente socialização.

O NICHD estudou dados sobre o atendimento infantil para determinar a relação entre os cuidados não maternos recebidos durante os 4,5 primeiros anos de vida e o comportamento das crianças. Eles citam estudos que mostraram que a dependência de "atendimento não materno" indicava um aumento de problemas de comportamento, sobretudo o comportamento agressivo, entre crianças de 3 e 4 anos de idade.[19]

O NICHD tem o cuidado de observar que nem todas as pesquisas reproduzem esses resultados, sendo que algumas delas sugerem haver efeitos positivos no atendimento realizado pelas creches. Contudo, o estudo do NICHD revela evidências detalhadas de que uma maior agressividade durante a idade escolar está ligada ao extenso atendimento infantil e que "mais tempo no atendimento indica uma relação mãe-filho menos harmoniosa e um cuidado materno menos sensível".[20]

> **O Que um Ícone Feminista disse:**
>
> "O atendimento das crianças é infinitamente melhor quando deixado a cargo de profissionais treinados do que nas mãos de amadores desorientados com pouco tempo e nenhuma inclinação para a educação de jovens mentes".
>
> – **Kate Millet**, autora feminista

A partir de um estudo do NICHD com crianças de dez regiões geográficas dos Estados Unidos que foram acompanhadas do nascimento ao jardim da infância, foram encontrados resultados semelhantes em termos de uma relação entre a maior quantidade de cuidados não maternos e problemas de comportamento:

> Quanto mais tempo as crianças passam em qualquer uma das formas de atendimento não materno nos primeiros 4,5 anos de vida, mais problemas e conflitos com os adultos elas manifestam aos 54 meses [ou 4,5 anos] de idade e no jardim da infância, conforme relatado por mães, cuidadoras e professoras. [...] mais tempo em atendimento não ape-

---

[19] National Institute of Child Health and Human Development Early Child Care Research Network. Does amount of time spent in child care predict socioemotional adjustment during the transition to kindergarten. *Child Development*, v. 74, n. 4, julho/agosto de 2003. p. 978.

[20] Ibid., p. 981.

nas indica um comportamento-problema medido numa escala contínua, mas também níveis de risco (embora não clínico) de comportamento-problema, assim como assertividade, desobediência e agressividade. É preciso observar que esses resultados correlacionais também implicam que níveis mais baixos de problemas foram associados a um tempo menor de atendimento da criança.[21]

Além das evidências que indicam a existência de relações entre as creches e os transtornos de comportamento e outros problemas emocionais, alguns pesquisadores sugeriram que o maior uso desse tipo de atendimento – mais especificamente a ausência relativa das mães na vida de seus filhos – pode ter contribuído para uma certa tendência a transtornos sociais. No livro *Home-Alone America: The Hidden Toll of Day Care, Behavioral Drugs, and Other Parent Substitutes* [A América sozinha em casa: o preço oculto da creche, das drogas comportamentais e de outros substitutos dos pais], Mary Eberstadt discute que poderia haver uma relação entre o aumento da ausência materna e o crescimento das patologias sociais em crianças e adolescentes norte-americanos, incluindo problemas mentais, transtornos de comportamento e doenças sexualmente transmissíveis.[22]

É evidente que existem inúmeras explicações para todos esses problemas, além do número crescente de mães que trabalham. Contudo, Eberstadt acredita que há motivo para preocupação e que a ausência materna na criação dos filhos poderia ser um dos fatores que contribuem para tais problemas. Baseada em fortes indícios, se apenas circunstanciais, essa relação merece mais pesquisas. Afinal de contas, essa tendência social poderia ter sérios efeitos sobre as crianças norte-americanas – uma questão que não podemos tão só ignorar em nome do que é politicamente correto.

Eberstadt também lança uma nova perspectiva sobre o debate ao tirar o foco das consequências da creche a longo prazo sobre as crianças e concentrar sua atenção na experiência das crianças pequenas que frequentam creches. A autora mostra como as crianças em creches tendem a experimentar uma incidência maior de doenças do que as criadas em casa. Por exemplo, o informativo da Academia Norte-Americana de Pediatria intitulado "Controlling Illness in Child Care" [O controle de doenças em programas de atendimento infantil] relaciona uma série de doenças normalmente transmitidas em creches, que vão desde o resfriado comum e problemas gastrointestinais a um sem-número de infecções na pele e nos olhos (impetigo, infestação por piolhos, micose, sarna, herpes labial e conjuntivite).[23]

---

[21] Ibid., p. 989.
[22] Eberstadt, p. xiv.
[23] Ibid., p. 6.

> **Um Livro que Não Era para Você Ler**
> *Day Care Deception: What the Child Care Establishment Isn't Telling Us* [O logro da creche: o que o sistema de atendimento infantil não está nos contando], de Brian C. Robertson. San Francisco: Encounter Books, 2003.

Os pesquisadores debatem as consequências de longo prazo que uma maior incidência de doenças pode causar. Alguns acreditam que o aumento da exposição traz benefícios físicos para as crianças, tornando-as mais resistentes às doenças em sua vida futura. Contudo, Eberstadt chama a atenção para a experiência concreta da criança diante do maior desconforto físico que as doenças trazem durante seus primeiros anos de vida: "Não deveriam sua infelicidade, confusão e falta de satisfação também contar para alguma coisa no cômputo geral de seu atendimento nas creches?"[24]

Tomando a decisão de trabalhar

Todos nós sabemos que os filhos de mães que trabalham fora em tempo integral podem se desenvolver bem. A pesquisa negativa sobre as creches não significa que as mulheres precisam deixar seu emprego e voltar para casa. Existem vantagens óbvias em ter a mãe no mercado de trabalho, como uma renda familiar maior, mas essas vantagens precisam ser avaliadas em relação aos possíveis aspectos negativos desse tipo de atendimento infantil.

Os pais devem ter conhecimento das pesquisas existentes ao avaliarem se e quanto devem trabalhar. O conhecimento dessas questões pode estimular algumas mães a procurar um tipo de trabalho diferente, que lhe permita permanecer mais tempo em casa, mesmo com um salário mais baixo. Para outras mulheres, o conhecimento dessas questões não mudará sua decisão de trabalhar, mas poderá deixá-las mais atentas em relação a procurar certos sinais em seus filhos que possam indicar a ocorrência de comportamentos-problema.

---

[24] Ibid., p. 8.

Capítulo Catorze

Política: nem todas as mulheres pensam da mesma forma

A cada eleição, os analistas políticos discutem o "voto feminino" – isso porque as mulheres votariam em massa. A mídia norte-americana regularmente recorre a grupos como a Organização Nacional para Mulheres (NOW) para representar as opiniões das "mulheres". Contudo, a NOW não representa as mulheres – ela representa um subgrupo de mulheres de esquerda.

Veja só!

 Nos Estados Unidos, as mulheres não votam como um bloco monolítico.
 O pressuposto das feministas é que as mulheres se preocupam com questões diferentes das dos homens. Porém, dados de uma pesquisa coletados durante as eleições de 2004 mostraram que as principais prioridades das mulheres eram incrivelmente semelhantes às dos homens.
 Ao contrário do que a maioria dos grupos feministas sugere, o aborto não era uma preocupação importante para a maioria das eleitoras.

Nos Estados Unidos, as mulheres são politicamente divididas, sendo que nas eleições de 2004 o voto feminino foi repartido quase igualmente entre democratas e republicanos. As mulheres também não votam com base nas assim chamadas "questões femininas", pois estão preocupadas, tanto quanto os homens, acima de tudo com a segurança e a economia.

As mulheres também não são eleitoras automáticas das candidatas do sexo feminino – qualquer candidato precisa conquistar os votos das mulheres, e é assim que deve ser.

O poder político feminino

Nos Estados Unidos, 1992 foi chamado de "o ano da mulher" pelos principais meios de comunicação, devido à histórica eleição de 24 novas mulheres para a Câmara dos Representantes e cinco para o Senado do país, além de um grande aumento de eleitoras. Enquanto 1992 pode ser "o ano da mulher" oficial da mídia, os jornalistas costumam especular periodicamente sobre quando será o próximo "ano da mulher" ou como irão elas realizar essa proeza política nas urnas mais uma vez. Por outro lado, não existe nenhum "ano do homem" – exceto talvez 1994, quando a grande mídia decidiu que foram os "homens brancos furiosos" que detonaram o equivalente a uma explosão eleitoral, votando na maioria republicana para a Câmara e o Senado.

Parte do fantástico poder político feminino, sem dúvida alguma, vem da mídia politicamente correta, que ficou extasiada com os resultados do "ano da mulher" em 1992 e do mesmo modo perplexa com os resultados em 1994. A mídia dominante perpetua a ideia de um próximo ano da mulher na esperança de que essas eleitoras ajudem a levar seus companheiros liberais de volta ao poder.

Sem dúvida, as mulheres norte-americanas exercem um grande poder político – embora uma mulher ainda precise ser eleita presidente (ou mesmo disputar a presidência em uma chapa de um grande partido político) e embora elas constituam apenas 15% dos membros do Congresso.[1] De acordo com pesquisas de boca de urna da CNN, rede de televisão norte-americana, as mulheres representavam 54% de todos os votos na última eleição presidencial nos Estados Unidos, quando os votos femininos se dividiram quase igualmente entre dois candidatos: 48% dos votos para o presidente George W. Bush e 51% para o então candidato democrata, senador John F. Kerry.

Não são apenas os números femininos que as tornam especialmente influentes. As mulheres costumam permanecer como eleitoras "indecisas" por mais tempo e

---

[1] Women in elected office: fact sheet summaries. Center for American Women and Politics, Rutgers, The State University on Nova Jersey. Disponível em: http://www.cawp.rutgers.edu/Facts/Officeholders/cawpfs.html.

são mais abertas do que os homens a apoiar candidatos diferentes. Por isso, as mulheres são consideradas *"swing voters"*, eleitoras independentes sem filiação partidária que podem ser influenciadas por um candidato e mudar de postura a cada eleição. Como resultado, muitas mensagens políticas são dirigidas diretamente a esse público.

Uma pesquisa do instituto Gallup durante a campanha para a eleição presidencial norte-americana de 2004 mostrou que, apesar de o apoio masculino variar, os homens eram relativamente consistentes em dar ao presidente Bush entre cinco e 15 pontos percentuais de vantagem. Já o apoio feminino oscilou de maneira muito mais espantosa. A uma certa altura da campanha, o senador Kerry contava com uma vantagem de 17 pontos percentuais entre as mulheres, mas apenas dois meses depois essas mesmas eleitoras deram ao presidente Bush uma vantagem de dois dígitos.

O que é a desigualdade de gênero?

A desigualdade de gênero em política se refere à diferença nas preferências eleitorais entre homens e mulheres; em décadas recentes nos Estados Unidos, a desigualdade de gênero se resume nas mulheres favorecendo o candidato democrata, enquanto os homens favorecem o candidato republicano.

A desigualdade de gênero se tornou mais proeminente – e largamente discutida – durante a década de 1980 após a eleição do presidente Ronald Reagan, quando as mulheres se mostravam muito menos entusiasmadas em apoiar Reagan do que os homens. Antes dessa eleição, as preferências eleitorais de homens e mulheres eram muito semelhantes; e antes de 1964, as mulheres eram mais propensas do que os homens a apoiar candidatos republicanos. A desigualdade de gênero diminuiu durante a eleição de George H. W. Bush e de novo com a primeira eleição do presidente Bill Clinton, mas ressurgiu em 1996 e aumentou durante a campanha de 2000.

De acordo com uma pesquisa da CNN, a diferença entre os sexos diminuiu consideravelmente entre 2000 e 2004, uma vez que as mulheres se dividiram quase igualmente entre o presidente Bush e o senador Kerry. As mulheres deram a Kerry apenas uma vantagem de três pontos percentuais, ao passo que os homens deram ao presidente Bush uma vantagem de 11 pontos percentuais. Portanto, a diferença total entre homens e mulheres foi de 14 pontos percentuais. Em 2000, essa disparidade foi ainda mais acentuada com os homens ainda marcando uma vantagem de 11 pontos para Bush, enquanto as mulheres preferiam marcar também 11 pontos de vantagem para o então vice-presidente Al Gore, de maneira que a diferença total entre os gêneros foi de 22 pontos percentuais.

> **Margaret Thatcher:***
>
> "Qualquer mulher que compreenda os problemas de dirigir uma casa estará mais perto de compreender os problemas de dirigir um país".
> – 1979
>
> "Não devo nada ao movimento de liberação das mulheres".
> – 1982

GPI

Quando os analistas políticos falam sobre a "desigualdade de gênero", em geral estão se referindo à preferência feminina pelos candidatos democratas. A tendência masculina pelos republicanos raramente tem cobertura. Como Ellen R. Malcolm, presidente da Emily's List, um grupo ativista liberal que apoia a eleição de candidatas pró-escolha, declarou em um editorial antes das eleições de 2004:

> A desigualdade de gênero, um aspecto relevante em todas as eleições presidenciais desde 1980, reflete a diferença nos padrões de votação de homens e mulheres. Embora essa diferença tenha oscilado ao longo do tempo, seu significado tem se mantido consistente. Sobre as questões com as quais as mulheres se preocupam – educação, saúde, criação de empregos e economia – elas confiam mais nos democratas do que nos republicanos para lutar por suas prioridades.[2]

Verdade em termos. Contudo, essa análise ignora a realidade de que os homens são do mesmo modo fervorosos – e nas eleições de 2004 foram mais – em acreditar que os candidatos republicanos protegem melhor *seus* interesses.

As prioridades das mulheres

Quando os estrategistas políticos falam de maneira a conquistar as mulheres, em geral se referem a "questões femininas", que costumam ser vistas como aquelas questões que afetam diretamente as mulheres e suas famílias: aborto, atendimento infantil, educação, discriminação no trabalho e saúde. O presidente Clinton era considerado um mestre em utilizar essas "questões de base" a seu favor.

---

* Margaret Thatcher foi primeira-ministra do Reino Unido de 1979 a 1990, sendo a única mulher a ocupar o posto. (N. T.)
[2] MALCOLM, Ellen R. Women are a huge political power—it's time they are treated as such. *Seattle Post-Intelligencer*, 26 de julho de 2004.

Nas eleições de 2004, o bloco feminino de estrategistas lamentou que o senador Kerry não estivesse se esforçando o suficiente para discutir as "questões femininas". Um artigo publicado no final da campanha afirmou: "Foi só quando os debates presidenciais avançaram que Kerry começou a se dirigir às mulheres. Por fim, para a satisfação de grupos feministas, Kerry firmemente se posicionou como pró-escolha e se comprometeu a fazer alguma coisa em relação à desigualdade salarial, em que as mulheres ganham cerca de 72 centavos para cada 1 dólar que um homem recebe". Gloria Steinem fez eco a essas queixas: "Ele está à mercê de consultores que estão preocupados com o voto dos homens brancos [...] assim ele fala sobre caça e liderança militar. Nesse processo, a maioria das questões femininas é negligenciada".[3]

O pressuposto das feministas é de que as mulheres se preocupam com questões diferentes das dos homens. Porém, dados de uma pesquisa coletados durante as eleições contaram uma história diferente: as principais prioridades das mulheres eram incrivelmente semelhantes às dos homens. As mulheres estavam mais preocupadas com questões de segurança, a situação no Iraque e a economia norte-americana.

Uma pesquisa do Gallup realizada entre 22 e 24 de outubro sobre as prioridades dos eleitores na votação para presidente revelou que a economia foi a questão mais frequentemente citada pelas mulheres. Porém, a situação no Iraque (26%) e o terrorismo (25%) juntos foram as principais prioridades da maioria das eleitoras. Essa pesquisa espelhou inúmeras outras realizadas em torno das eleições, sugerindo que homens e mulheres tinham preocupações semelhantes ao escolher um presidente para o país.

Ao contrário do que a maioria dos grupos feministas sugere, o aborto não era uma preocupação importante para a maioria das eleitoras. Em uma pesquisa realizada pela revista *Marie Claire* antes das eleições de 2004, apenas 9% responderam que o aborto teria importância na determinação de seu voto, sendo que as que disseram que o aborto era uma questão determinante mostravam tendência duas vezes maior a serem pró-vida do que pró-escolha.

As mulheres apoiam os candidatos em que acreditam, e não outras mulheres

Nos Estados Unidos, cada vez mais o público aceita a ideia de ter uma mulher como presidente. Desde 1937, o instituto Gallup faz a seguinte pergunta aos norte-americanos: "Você votaria em uma mulher para presidente?". E, embora tenha havido momentos na história desse país em que menos da metade dos eleitores

---

[3] MUSGRAVE, Jane. Celebrities rally women voters. *Cox News Service*, 26 de outubro de 2004.

votaria em uma candidata do sexo feminino, hoje cerca de nove em cada dez eleitores respondem que considerariam votar em uma mulher para ocupar o Salão Oval da Casa Branca.

Na última pesquisa da Gallup, homens e mulheres se mostraram quase igualmente inclinados a considerar eleger uma mulher para presidente: 85% dos homens e 89% das mulheres disseram que estavam abertos à ideia de uma presidente mulher.

Entretanto, é difícil identificar a influência do gênero, devido às convicções políticas e à ideologia. Como já foi discutido, os homens mostram uma tendência maior em apoiar os candidatos republicanos, enquanto as mulheres apoiam mais os democratas. Em maio de 2003, ao serem perguntados sobre se votariam em uma mulher para presidente, muitos homens e mulheres provavelmente pensaram em Hillary Clinton, já que ela é, de longe, a candidata feminina mencionada com mais frequência para o posto. Muitos homens – sobretudo os conservadores – podem ter pensado especificamente nela ao afirmarem que não considerariam votar em uma mulher para presidente.

Uma pesquisa conduzida por dois professores sugere que os democratas são mais propensos a votar em mulheres:

> Os democratas e os independentes apresentam menor tendência do que os republicanos a acreditar que um candidato republicano (independentemente do sexo) "compartilha suas preocupações", "é qualificado", "pode ser confiável" ou "é um líder forte". Os candidatos republicanos começam com uma grande desvantagem, entre democratas e independentes. [...] uma candidata republicana pode compensar parte do ceticismo gerado por seu republicanismo pelo fato de ser uma mulher.[4]

É impossível saber se esse apoio às mulheres é baseado em um desejo de ter mais mulheres no cargo ou uma maior confiança no caráter pessoal de uma mulher; ou se decorre de um pressuposto de que uma candidata republicana será mais liberal e, portanto, mais interessante para os eleitores democratas e independentes do que o republicano médio.

Da mesma maneira, em 2002 os pesquisadores salientaram o importante papel que a filiação partidária exerce com o gênero. Embora a pesquisa tenha revelado que as mulheres do Partido Democrata mostram uma tendência maior em conseguir o apoio do eleitorado feminino – mais ainda do que os homens do mesmo

---

[4] MATLAND, Richard, KING, David. 2002, forthcoming. In ROSENTHAL, Cindy, ed. *Women transforming Congress*. University of Oklahoma Press, p. 17. Disponível em: http://ksghome.harvard.edu/~dking/rosenthalchapter.pdf.

partido recebem –, os pesquisadores hesitaram em atribuir esse resultado tão só a uma afinidade de gênero. Eles observaram ainda que "as candidatas democratas, em geral, incluíram questões femininas em suas campanhas". Em outras palavras, é possível que sejam as questões que atraiam o interesse das mulheres, e não sentimentos de irmandade.[5]

Algumas evidências sugerem que os republicanos convidados a participar dessas pesquisas de opinião também podem supor que uma mulher como candidata é menos conservadora do que um candidato do sexo masculino. Um estudo descobriu que aqueles que se identificaram como republicanos "ferrenhos" apresentaram uma tendência significativamente menor em votar em uma candidata genérica do que em um candidato genérico. Por outro lado, o estudo também indicou que o republicano ferrenho presumiu que uma mulher candidata era menos conservadora do que um homem candidato, percepção essa estimulada por uma mídia que constantemente apresenta organizações feministas liberais como porta-vozes oficiais de todas as mulheres.[6] Em outras palavras, mais uma vez, o que fundamenta a decisão sobre em quem votar são a ideologia e as questões, e não o sexismo.

Aqueles analistas políticos que antecipam uma onda de apoio do eleitorado feminino a uma mulher candidata podem se decepcionar. Como um pesquisador concluiu: "Os eleitores não são automaticamente atraídos para certos candidatos apenas porque são do mesmo sexo; partido e posição política são preocupações maiores no momento de escolher um candidato para votar".[7]

Conclusão

Nos Estados Unidos, as mulheres não votam como um bloco monolítico. Elas podem ser mais liberais do que os homens, mas são politicamente mais diversificadas do que a mídia divulga.

As mulheres precisam olhar para além da grande mídia para obter informações sobre políticos e sobre a política, pois muitas vezes a mídia simpatiza com grupos feministas e candidatos liberais. Como será discutido no próximo capítulo, essa agenda guarda algumas armadilhas importantes para as mulheres.

---

[5] SMITH, Tom W., SELFA, Lance A. *When do women vote for women*. The Roper Center for Public Opinion Research, setembro/outubro de 1992.
[6] Matland e King, p. 20.
[7] Ibid., p. 16.

Capítulo Quinze

Divorciando-se do governo

O direito irrestrito ao aborto pode ser o tema central da agenda feminista, mas o movimento feminista também tem uma agenda econômica sólida. Essa agenda consistiria em expandir o tamanho e a abrangência do Estado e criar incentivos para que as mulheres estejam em conformidade com o que as feministas acreditam que as mulheres *deveriam* querer.

Veja só!

 Os grupos feministas querem um governo mais amplo e apoiam de maneira esmagadora os democratas liberais durante as eleições.
 As feministas de hoje querem ver as mulheres livres de sua dependência econômica de maridos e da família. Elas aspiram a um novo protetor: o governo.
 Dependência do governo não é independência.

Este capítulo final traz um panorama geral sobre algumas questões políticas fundamentais e oferece uma visão de governo bastante diferente da que é abraçada pelos programas de estudos da mulher, pelas revistas femininas e pelas organizações feministas. Além disso, ele analisa as posições tomadas pela maioria das organizações feministas e defende que essas posições são incompatíveis com a independência das mulheres. Na verdade, muitas têm exatamente o efeito oposto e estão criando um grupo de mulheres dependentes do governo.

A perspectiva tendenciosa oferecida às mulheres

As mulheres norte-americanas podem ser politicamente divididas, mas os chamados representantes do voto feminino tendem a se expressar com uma única voz. Grupos como a Organização Nacional para Mulheres (NOW), Centro Nacional de Leis para Mulheres, Feminist Majority e Emily's List (entre as organizações mais proeminentes nos Estados Unidos) têm uma agenda comum. Eles querem um Estado mais amplo que esteja mais envolvido na redistribuição da riqueza e em proporcionar mais serviços a seus cidadãos. Eles apoiam de maneira esmagadora os democratas liberais durante as eleições.

Essa agenda política se faz ecoar nos centros e cursos de estudos da mulher de todo o país. Muitas vezes, esse viés não é velado, mas declarado de maneira aberta e ferozmente partidário. Considere o seguinte trecho retirado do prefácio do livro *Issues in Feminism: An Introduction to Women's Studies* [Questões sobre feminismo: uma introdução aos estudos da mulher]:

> A década de 1990 nos trouxe o Contrato para Matar a América[*], o racismo virulento e a misoginia da direita religiosa e política, os ataques contra os mais pobres e vulneráveis – mães e filhos amparados pelo Estado – e um retrocesso profundo que se reflete em um espectro de elementos tão bizarros que tiram o fôlego de qualquer um – das pseudofeministas antimulheres e do culto ao patriarcado dos "Promise Keepers"[**] aos "cientistas" sociais que, de repente, descobrem e, de repente, tornam-se preocupados com a figura do pai ausente e com os modelos negativos (ou inexistentes) de homem.[1]

---

[*] No original, "Contract on America" é uma alusão feita pelo ex-presidente Bill Clinton ao "Contract with America" (Contrato com a América), programa do Partido Republicano de 1994, quando era maioria no Congresso, que prometia as mudanças que Clinton, do Partido Democrata, não teria feito e que visava reduzir o Estado ao mínimo e incluía a recuperação econômica do país, reforma da previdência, corte de impostos, eliminação de serviços sociais e uma reavaliação social e moral dos Estados Unidos. Em inglês, *contract on* se refere a contratar uma pessoa para matar outra, daí a ironia de Clinton ao programa. (N. T.)

[**] Promise Keepers (Homens de Palavra) é uma congregação cristã de homens fundada em 1990 em Denver, no estado do Colorado. (N. T.)

[1] Ruth, p. xii.

Ainda no prefácio, a autora se refere aos republicanos como "abertamente contrários não apenas aos direitos da mulher, mas também aos avanços nos direitos civis em geral".[2]

A autora detalha explicitamente o papel único da área de estudos da mulher em estimular os estudantes a participar da luta política – e a lutar por uma agenda específica: "Os estudos da mulher são confrontados com uma enorme responsabilidade. [...] Devemos preparar a presente geração para participar da luta das mulheres, mas devemos fazê-lo em uma era de antagonismo cada vez mais acirrado e com recursos cada vez mais reduzidos".[3]

Está claro que os estudos da mulher não são uma disciplina acadêmica comum. Na maioria das áreas, as salas de aula nas universidades são um fórum no qual os professores oferecem aos alunos informações e interpretações, convida-os a considerar uma série de pontos de vista e os estimula a tirar suas próprias conclusões. A área de estudos da mulher tem o orgulho de se opor a essas normas e "conscientemente rejeitar muitas formas tradicionais de investigação, conceitos e sistemas explicativos; ao mesmo tempo, está desenvolvendo novas e, em alguns casos, únicas tradições e conhecimentos próprios".[4] Em um "curso feminista", uma pessoa pode encontrar alguns projetos e métodos alternativos de avaliação, incluindo "crédito para atividades de mudança social ou experiência de vida, termos de autoavaliação, diários e mesmo meditação ou rituais".[5]

As líderes da área de estudos da mulher reconhecem que alguns estudantes irão se retrair diante desses métodos de ensino incomuns e alertam para um possível "assédio acadêmico" em um item intitulado "resistência aos estudos da mulher". Que tipo de comportamento os professores precisam ter para responder a esse confronto? A lista de comportamentos ofensivos que podem surgir em uma sala de aula inclui o "desafio a fatos com piadas características para minar a credibilidade dos textos e dos educadores feministas".[6]

É um fardo pesado para um professor ser questionado em relação a fatos. Essa aversão aos estudantes que questionam fatos é particularmente interessante, considerando as inúmeras críticas que têm revelado como a área de estudos da mulher, muitas vezes, tem uma definição imprecisa de "fato". Os programas de estudos da mulher são notórios por fazer mau uso de estatísticas e repetir informações equi-

---

[2] Ibid.
[3] Ibid., p. xiii.
[4] Ibid., p. 2.
[5] Ibid., p. 16.
[6] Ibid., p. 8.

vocadas sobre temas que incluem desde estupro e violência doméstica à incidência de transtornos alimentares e ao tamanho da desigualdade salarial.[7]

A rejeição ao rigor acadêmico sugere que os programas de estudos da mulher têm um outro propósito. Não se trata simplesmente de um campo de estudo para estudantes universitários – uma opção para cursos de literatura inglesa, história ou política. A área de estudos da mulher é um programa de recrutamento para um movimento político. Como afirma Shelia Ruth em sua introdução aos estudos da mulher: "Hoje, como no passado, se perdermos os nossos vínculos com o movimento feminista, com a ação social concreta, perderemos não apenas nossa paixão, mas também nosso coração, nosso propósito e toda nossa razão de ser."[8]

Vendendo mais do que moda e dicas de maquiagem

As revistas femininas não são assim tão evidentes em empurrar uma agenda política para suas leitoras, como fazem os professores da área de estudos da mulher, mas quase sempre mostram uma tendência para a esquerda.

A revista *Glamour*, por exemplo, investigou o mundo da política em sua edição de junho de 2005 com uma discussão sobre as possíveis reformas do sistema de previdência social norte-americano, alertando as leitoras de que o tema poderia causar "bocejos", mas era importantíssimo para as mulheres. Mesmo assim, o conteúdo do artigo pouco contribuiu para informar seu público sobre os fatos referentes à crise financeira do sistema previdenciário e sobre a necessidade de reformas. Antes, limitou-se simplesmente a repetir os ataques liberais às propostas de mudanças e a citar três representantes "não partidários", os quais notoriamente vieram de grupos feministas de esquerda.

De maneira semelhante, o número de abril de 2004 da revista *Ladies' Home Journal* publicou um artigo intitulado "Armed and Dangerous" [Armados e perigosos], cuja chamada afirmava: "A batalha sobre o controle de armas avança à medida que armas letais se tornam mais acessíveis e mais baratas. Você e sua família estão em segurança?". A resposta óbvia ao artigo, que traz histórias de um disparo acidental que paralisou uma criança, da morte de um policial e de terroristas que tentam aproveitar a "brecha de uma feira de armas" para obter alguns armamentos, é "não" – sua família não está segura, mas novas leis irão torná-la segura.

Os argumentos daqueles que estão do outro lado do debate sobre o controle de armas nos Estados Unidos são pouco discutidos, entre os quais as evidências de que as armas são usadas por cidadãos cumpridores da lei para evitar o crime ou o fracasso das leis em vigor em impedir o armamento dos criminosos. *Ladies'*

---

[7] Para uma discussão mais extensa dessa questão, ver Sommers, *Who Stole Feminism*.
[8] Ruth, p. xiii.

Home Journal poderia ter também contado a história de uma mulher no estado da Flórida cuja casa foi invadida e que conseguiu encontrar sua arma no escuro e se defender atirando no invasor.[9] De fato, existem inúmeros exemplos de mulheres que legalmente usam armas para autodefesa para não serem vítimas de crimes violentos. Em vez disso, esse artigo termina com um convite às leitoras para visitar o *site* da Brady Campaign to Prevent Gun Violence [Campanha Brady para prevenir a violência armada], organização liberal norte-americana que trabalha em defesa do controle de armas, para saber mais sobre o assunto.

Essa cobertura tendenciosa de questões políticas também é comum em programas da televisão norte-americana, como *Good Morning America*, *Today* e *Oprah*, que divulgam a agenda de grupos feministas liberais em questões como controle de armas, meio ambiente e um maior controle e gastos do governo para inúmeros programas.

Doutrinação: Programas de Estudos da Mulher

O primeiro estatuto da Associação Nacional de Estudos sobre a Mulher, escrito em 1982, destacava a relação existente entre os estudos sobre a mulher e o movimento feminista:
Considerando que

- a educação feminista é um processo profundamente enraizado no movimento de mulheres e permanece subordinada a essa comunidade;
- os objetivos feministas incluem a erradicação de toda a opressão e discriminação com base no sexo, na raça, na idade, na classe, na religião, na etnia e na orientação sexual, bem como outros obstáculos à liberação humana inerente à estrutura de nossa sociedade;
- a educação feminista não é apenas a busca de conhecimento sobre as mulheres, mas também o desenvolvimento de conhecimento para as mulheres, uma força que promove a realização dos objetivos feministas.

Portanto,
- a Associação Nacional de Estudos sobre a Mulher ativamente apoia e promove a educação feminista e apoia as pessoas envolvidas nesse esforço, em qualquer nível de escolaridade e em qualquer estabelecimento de ensino.

---

9   Police release 911 tapes of woman who killed intruder. *WESH News*, Orlando, Flórida, 31 de maio de 2005. Disponível em: http://www.wesh.com/news/4552505/detail.html.

O Media Research Center, uma organização conservadora que monitora a mídia norte-americana, costuma registrar o viés liberal desses programas, como quando a jornalista norte-americana Katie Couric entrevistou um garoto de 9 anos de idade, Noah McCullough, famoso por seus conhecimentos políticos, sobre seu apoio ao programa do então presidente Bush para a reforma da previdência social. Couric não apenas desafiou o menino sobre o assunto, mas também perguntou à mãe de Noah se ela se preocupava que ele estivesse "sendo explorado por razões políticas", considerando que o grupo com o qual ele trabalhava havia gasto milhões para apoiar o presidente. Tinha ela alguma dificuldade em olhar "olho no olho" para seu filho sobre essas questões?, Couric também perguntou. A presunção da jornalista era de que aquela mulher não poderia realmente concordar com as posições do seu filho.

Em outro caso, durante um segmento de seu programa em fevereiro de 2005, Couric exaltava as virtudes do movimento feminista, repetindo a declaração de que as mulheres ganhavam 79 centavos para cada dólar recebido por um homem, sem jamais oferecer aos telespectadores uma opinião conservadora ou discordante.

A filosofia feminista de governo

Considerando que as aulas na universidade e a grande mídia tendem a reproduzir a agenda da esquerda feminista, é importante examinar sua agenda política. O movimento feminista, em grande medida, abandonou o legado das primeiras feministas, que defendiam a crença de que as mulheres merecem os mesmos direitos que os homens, pois aquelas pioneiras combatiam a ideia de que as mulheres são incapazes de cuidar de si mesmas e, por isso, precisam da proteção do marido ou do pai. Elas desafiaram a sociedade para dar às mulheres mais acesso e oportunidade de participar das esferas públicas dos negócios e da política.

As feministas de hoje têm uma agenda muito diferente. Ao mesmo tempo que ainda querem ver as mulheres livres da dependência econômica de maridos ou da família, elas não querem mais que as mulheres alcancem a independência por seus próprios méritos e trabalho duro. Elas aspiram a um novo protetor: o governo.

As feministas imaginam um Estado enormemente expandido que coleta mais impostos, oferece mais benefícios – incluindo serviços de saúde subsidiados, creches e programas sociais – e administra um conjunto mais robusto de normas que ditam o que as pessoas e as empresas podem e não podem fazer. Em apoio a essa grande agenda de governo, os grupos feministas, muitas vezes, fazem declarações explicitamente paternalistas, sugerindo que as mulheres exigem que o Estado tome conta delas – reforçando, dessa maneira, a noção prejudicial de que as mulheres são incapazes de sobreviver e progredir sozinhas.

Dependência do governo não é independência. As mulheres devem pensar nas consequências da grande agenda governamental feminista, que daria aos políticos e burocratas maior controle de nossas vidas. Por sua vez, as políticas que devolvem todo esse controle para os indivíduos têm o potencial para tornar as mulheres mais independentes e colocá-las em uma situação melhor.

Impostos

As organizações feministas costumam se opor à redução dos impostos. Sua argumentação sugere que não há imposto alto demais que as mulheres não possam suportar e que as mulheres devem preferir que o governo gaste os recursos para seu benefício, em vez de ter de fazer suas próprias escolhas.

Em muitos aspectos, os impostos são um mal necessário. O governo foi criado para executar determinadas tarefas que seriam difíceis, se não impossíveis, para os indivíduos ou comunidades realizarem por conta própria. Isso inclui manter um sistema judiciário, proteger os direitos individuais e defender o país contra ameaças estrangeiras. Para realizar esses serviços vitais, o governo precisa de dinheiro, e a maneira mais eficiente de obter dinheiro é por meio da tributação dos cidadãos.

Porém, é no melhor interesse da nação manter essa tributação tão baixa quanto possível (infelizmente, hoje, o trabalhador norte-americano médio perde um terço de seu salário para o governo todos os anos). Quando você pensa em impostos, a verdadeira questão a se perguntar é: "Quem irá aplicar esse dinheiro da melhor maneira possível – os indivíduos que o ganharam ou os políticos em Washington, D.C.?". Basta olhar para o orçamento do governo federal norte-americano – sobrecarregado com projetos absurdos que ajudam uma minoria privilegiada ou causas especiais – para saber por que é preferível manter os impostos baixos e o governo federal enxuto.

Todo o mundo sabe que o governo desperdiça recursos. Além disso, mesmo quando o Estado gasta dinheiro com o que parece ser uma boa ideia, muitas vezes acaba provocando a redução de iniciativas privadas e afetando o comportamento das pessoas.

Tomemos o exemplo do investimento público em novas tecnologias. Pode parecer sensível que o governo invista na criação de novas tecnologias, porque todos nós reconhecemos que a tecnologia desempenha um papel importante em nossa qualidade de vida. Contudo, quando o governo investe nessa área, ele favorece determinadas tecnologias e empresas em detrimento de outras. Além disso, os burocratas que selecionam os projetos a serem financiados sabem menos do que milhões de investidores; assim, inevitavelmente, algumas iniciativas conseguirão os recursos que poderiam ser mais bem utilizados em outros projetos. Por outro lado, as empresas também começam a pensar em como agradar ao governo e aos políticos, em vez de em como produzir as coisas que serão mais úteis para os consumidores e que, portanto, serão mais bem recompensadas no mercado.

Os Estados Unidos são líderes mundiais em inovação de alta tecnologia porque o mercado privado do país permite que indivíduos e empresas invistam em tecnologias promissoras. Esses investidores, motivados pelo lucro, são cuidadosos ao selecionar as empresas que têm mais probabilidade de ser bem-sucedidas na produção dos melhores produtos. A intervenção do governo nesse mercado toma recursos do setor privado, deixando os investidores com menos dinheiro para investir e forçando-os a levar em consideração a maneira como o governo irá selecionar quem serão os vencedores e os perdedores.

A cobrança de impostos também impacta as escolhas que consumidores e trabalhadores fazem. Consideremos a situação enfrentada por uma mulher casada que esteve afastada do mercado de trabalho para cuidar dos filhos, mas que pensa em conseguir um emprego formal. O salário que ela ganhar irá se somar ao do marido, por isso poderá sofrer uma elevada taxa de impostos. Depois de pagar os encargos sociais, o imposto de renda e os impostos municipais e estaduais, essa mulher casada provavelmente levará para casa menos da metade de seu salário. O restante é absorvido pelo governo. Assim, ela pode muito bem resolver que não vale a pena voltar a trabalhar.

Ao mesmo tempo, os altos impostos tornam difícil para algumas famílias manter um dos pais em casa. Considerando que o governo fica com uma parcela tão grande dos rendimentos, o dinheiro ganho por apenas um dos cônjuges pode não ser suficiente para pagar as contas. Em consequência, muitas mulheres que prefeririam ficar em casa criando os filhos precisam trabalhar para aumentar a renda da família depois dos impostos.

As reações negativas dos grupos feministas tradicionais a políticas que devolveriam recursos aos assalariados reforça a velha noção de que as mulheres precisam da tutela do Estado. Contudo, as mulheres não são apenas consumidoras de serviços sociais; elas também são contribuintes, também pagam impostos. As mulheres, como os homens, poderiam se beneficiar de impostos mais baixos, o que permitiria aos cidadãos – e não a Washington – controlar seu próprio dinheiro.

Previdência Social

O sistema de Previdência Social dos Estados Unidos foi criado em 1935 e, hoje, enfrenta sérias dificuldades financeiras. Em apenas dez anos, a Previdência Social do país irá começar a apresentar déficit – pois irá arrecadar menos do que precisa para pagar os benefícios. Até 2041, quando os trabalhadores que hoje têm 30 anos de idade estarão prontos para se aposentar, a Previdência Social estará falida e arrecadando apenas o suficiente para pagar cerca de 70% dos benefícios.

A raiz do problema da Previdência Social é seu sistema de financiamento. A Previdência norte-americana usa o sistema de repartição (*pay-as-you-go*)*, que é na realidade um outro termo para "arrecadar e gastar". Atualmente, os trabalhadores perdem 12,4% de seus rendimentos para a Previdência Social, recursos esses que são usados para pagar benefícios aos que já se aposentaram; nada é poupado para sua própria aposentadoria futura. Esse sistema pode ter sido adequado em 1950, quando 16 trabalhadores pagavam a Previdência Social para apenas um aposentado, mas hoje pouco mais de três trabalhadores sustentam um único beneficiário. Por volta de 2050, apenas dois trabalhadores irão pagar os benefícios de um aposentado da Previdência Social. Se nada for feito, isso significa que os futuros trabalhadores irão ver seus impostos subirem para cobrir a Previdência Social ou que os futuros aposentados irão ver seus benefícios serem cortados.

Aumentar impostos ou cortar benefícios para conseguir equilibrar as contas da Previdência Social tornaria outra falha importante do sistema – o que é um péssimo negócio para os jovens trabalhadores – ainda pior. Nos Estados Unidos, sob a lei atual, muitos jovens trabalhadores podem ter no futuro uma taxa negativa de retorno sobre o dinheiro que pagam hoje à Previdência Social, o que significa que seria melhor guardar seu dinheiro debaixo do colchão.

As políticas públicas têm de encontrar uma maneira de resolver esses problemas, colocando a Previdência Social no caminho da solvência a longo prazo e dando aos trabalhadores a oportunidade de conseguir no futuro uma melhor taxa de retorno para seu dinheiro. A melhor maneira de fazer isso é permitir que os jovens trabalhadores apliquem uma parte do dinheiro que eles já pagam à Previdência para financiar um plano de aposentadoria privada, como o 401(k)**, que pode ser investido em ações e títulos. Isso daria aos trabalhadores a oportunidade de obter uma maior taxa de retorno graças aos investimentos em ativos reais, além de começar a financiar os futuros benefícios, um passo importante para a estabilidade financeira. Em vez de depender exclusivamente de impostos dos futuros trabalhadores para pagar os benefícios futuros, os aposentados teriam acesso a recursos construídos ao longo das décadas anteriores.

Os planos individuais de aposentadoria não resolvem de imediato todos os problemas da Previdência Social. Esse tipo de opção exigiria uma injeção inicial de recursos, e os responsáveis pelas políticas públicas precisam planejar medidas

---

*   O sistema de repartição, também conhecido por *pay-as-you-go*, é aquele em que os trabalhadores ativos pagam uma contribuição e o fundo arrecadado é repartido entre os inativos. (N. T.)

** 401(k) é um tipo de plano de aposentadoria patrocinado pelo empregador, adotado nos Estados Unidos e em outros países. O nome se deve aos números da seção e do parágrafo no código tributário norte-americano em que está previsto: seção 401, parágrafo k. (N. T.)

adicionais, como ajustes de benefícios, para tornar a Previdência Social financeiramente saudável. Esse investimento levaria a um sistema mais seguro financeiramente – um resultado que vale o sacrifício inicial.

As mulheres seriam especialmente beneficiadas com a reforma da Previdência Social. Afinal, as mulheres vivem mais e são mais propensas a depender da Previdência durante a aposentadoria, por isso têm mais interesse em criar um sistema financeiro sólido. Além disso, elas também têm uma probabilidade menor do que os homens de trabalhar em empregos que oferecem outros planos de poupança para a aposentadoria, o que torna ainda mais importante que o dinheiro que elas estão guardando para a aposentadoria – seus dólares da Previdência Social – seja usado da melhor maneira possível.

Entretanto, os grupos feministas liberais se opõem a quaisquer medidas que poderiam dar às pessoas um controle maior sobre como seus impostos são utilizados. Em geral, essas organizações procuram minimizar os problemas financeiros da Previdência Social e preferem adiar qualquer mudança, essencialmente empurrando o problema para a próxima geração. Não é de estranhar que, quando os grupos feministas apresentam propostas para resolver esses problemas, sua solução dependa do aumento de impostos, o que, mais uma vez, resulta na expansão do Estado e no fato de as pessoas terem ainda menos dinheiro para gastar como quiserem.

Saúde "grátis"

Em 1993-1994, Hillary Clinton assumiu um papel de liderança na defesa de grandes mudanças para o sistema de saúde norte-americano. Embora sua proposta tenha sido amplamente criticada e não aprovada, o que fazer para melhorar o atual sistema de saúde do país continua a ser uma questão importante.

Hoje, as norte-americanas vivem mais e são mais saudáveis do que em qualquer outra época da história dos Estados Unidos. Uma mulher nascida em 1929 poderia ter uma expectativa de vida de apenas 59 anos; já uma mulher nascida em 2000 pode esperar viver vinte anos a mais, até a idade de aproximadamente 80 anos.

Esse incrível aumento da longevidade se deve, em grande medida, aos avanços criados no sistema de saúde norte-americano – um sistema que é, de longe, o mais inovador do mundo. O principal motor da inovação norte-americana nessa área é um mercado que, embora distorcido, continua a ser muito mais livre do que os mercados da Europa ou do Japão. As indústrias farmacêutica e biomédica norte-americanas lideram o mundo não porque os pesquisadores do país são inerentemente mais inteligentes, mas porque existe aí o interesse pelo lucro, o que os motiva a desenvolver e distribuir novos tratamentos e novas curas.

Os grupos feministas veem esse interesse pelo lucro com reservas e prefeririam colocar o governo no comando do sistema de saúde dos Estados Unidos. Mais uma vez, eles favorecem o controle do governo em vez de deixar as decisões para a sociedade. Eles olham com admiração para os sistemas da Europa e do Canadá, onde os governos regulamentam o acesso aos serviços de saúde, retomando os princípios que Hillary Clinton articulou na década de 1990.

Os defensores de um sistema de saúde nacionalizado destacam seus benefícios como um maior acesso da população de baixa renda aos cuidados preventivos, mas ignoram as desvantagens de um sistema de pagador único,* incluindo a redução de inovações e a limitação do atendimento. Por exemplo, os canadenses esperam uma média de 7,3 semanas para consultar um especialista após o médico de família fazer um encaminhamento dentro do sistema de saúde de pagador único do Canadá. Eles esperam outras 9,2 semanas entre consultar o especialista e receber o tratamento.[10] Para as mulheres, a espera média entre um encaminhamento por um clínico geral e uma consulta com um ginecologista foi de oito semanas em 2004, e a espera entre essa consulta e o tratamento foi de cerca de sete semanas.[11]

Em vez de estimular políticas que dariam mais controle ao governo sobre o sistema de saúde norte-americano, os responsáveis pelas políticas públicas deveriam pensar em maneiras de colocar o poder de volta nas mãos dos pacientes. Uma das reformas mais promissoras nos Estados Unidos são as Contas de Poupança de Saúde (Health Savings Accounts – HSAs), que permitem aos indivíduos depositar uma parte de seu dinheiro antes da incidência de impostos em uma conta de investimento, que pode, então, ser utilizado para pagar serviços de saúde. Uma pessoa que possui uma HSA deve ter um plano de saúde dedutível, mas pode usar o dinheiro da conta para pagar o custo inicial de despesas médicas. Os saldos dessa conta que não forem utilizados são investidos e se acumulam para uso futuro.

Em essência, as HSAs transformam as pessoas em verdadeiros consumidores de serviços de saúde, com um incentivo para fazer escolhas de saúde prudentes, procurar preços mais baixos e usar apenas os serviços de que necessitam. Esse tipo de programa obriga os prestadores de serviços de saúde a planejar maneiras de

---

* O sistema de pagador único (*single-payer system*) institui serviços públicos de saúde para o conjunto da população e controla um fundo único do governo que arrecada os recursos e paga os serviços médicos. Com isso, o sistema elimina as empresas seguradoras privadas. (N. T.)

[10] Cancer Advocacy Coalition, News Release. *Deadly silence meets growing cancer crisis.* 16 de janeiro de 2003. Disponível em: http://www.canceradvocacycoalition.com/pages/2002-reportcard-news-release.htm.

[11] ESMAIL, Nadeem, WALKER, Michael. *Waiting your turn: hospital waiting lists in Canada.* 14th ed. The Fraser Institute, outubro de 2004, p. 31. Disponível em: http://www.fraserinstitute.ca/admin/books/chapterfiles/wyt2004%20pt2.pdf#.

atrair pacientes e de atender a suas necessidades únicas, considerando que esses pacientes são os clientes que podem levar seu negócio para outros lugares.

As mulheres devem avaliar os benefícios de um sistema de saúde que coloca mais controle nas mãos dos cidadãos e as armadilhas da proposta feminista de dar mais poder ao governo.

Mulheres e trabalho

As organizações feministas promovem políticas destinadas a tornar o mundo do trabalho mais acessível às mulheres, sobretudo às mães, e o propósito subjacente dessa estratégia é transformar sua visão do que as mulheres deveriam querer – ou seja, empregos de tempo integral e os filhos em uma creche – em realidade. Contudo, essas políticas ignoram os verdadeiros desejos de muitas mulheres e têm consequências não intencionadas que tornam mais difícil para as mulheres encontrar um trabalho que melhor se adapte a suas necessidades.

Como foi discutido no Capítulo Treze, nos Estados Unidos o atendimento infantil subvencionado pelo governo é um dos programas favoritos de grupos como a NOW. Porém, embora o governo norte-americano possa fazer com que esse serviço pareça "grátis" para pais que trabalham, não é grátis para os que pagam impostos. Transferir esses custos significa que as famílias que têm um dos pais em casa enfrentará maiores dificuldades para pagar as contas. Os serviços das mães que ficam em casa seriam desvalorizados, uma vez que elas poderiam ser trocadas por um substituto "grátis": as creches do governo. Essa proposta estimularia as mães que ficam em casa a procurar um emprego formal.

Em vez de procurar maneiras de tornar o atendimento institucional mais acessível aos pais, os planejadores de políticas públicas deveriam pensar em soluções para facilitar a permanência dos pais em casa para cuidar de seus filhos. Não apenas as pesquisas sugerem que ter os pais em casa pode ser melhor para as crianças como também esse é o tipo de atendimento que a maioria dos homens e das mulheres afirma preferir.

Uma pesquisa da Public Agenda confirmou essa preferência. Os pais apoiam políticas que "tornariam mais fácil e mais acessível financeiramente a permanência de um dos pais em casa", em lugar de políticas que "melhorariam o custo e a qualidade do atendimento infantil" por uma margem de 62% contra 30%. Esses resultados estão em total contraste com as opiniões dos assim chamados "defensores das crianças", dos quais sete em cada dez gostariam de ver uma política pública que oferecesse um sistema de atendimento infantil universal.

Algumas organizações feministas e certos políticos de esquerda criticam as tentativas de tornar a vida mais fácil e mais acessível financeiramente para os pais que ficam em casa como "presentes para os ricos", mas as evidências simplesmente não corroboram essa afirmação. O maior número de mães que ficam em casa vem de famílias que ganham entre 20 mil dólares e 25 mil dólares por ano – o que não é considerado exatamente rico nos Estados Unidos. As políticas que subsidiam creches muitas vezes acabam transferindo recursos de grupos financeiramente menos afortunados (famílias com apenas um provedor) para outros mais ricos (casais com rendimento duplo).[12]

Os planejadores de políticas públicas deveriam ouvir os pais, e não o discurso de organizações ou de especialistas que alegam falar em nome das mulheres e das crianças. No lugar de se concentrar em fazer as creches mais baratas, esses planejadores deveriam pensar em maneiras de facilitar para os pais adotar o tipo de atendimento que eles preferem – o qual, com frequência, é manter o pai ou a mãe em casa.

Além disso, o governo deveria evitar ações que objetivem favorecer as mulheres em sua luta para equilibrar família e trabalho, como exigir que os empregadores ofereçam benefícios como longos períodos de licença. Essas políticas têm boas intenções, mas podem limitar as opções de emprego das mulheres e reduzir seu salário. De acordo com o economista Jonathan Gruber, do Instituto de Tecnologia de Massachusetts, o salário real de mulheres casadas em estados norte-americanos com leis que exigem uma ampla cobertura para as despesas com a maternidade caiu, enquanto o salário subiu em estados sem essa exigência. Em outras palavras, os custos dessas medidas foram transferidos para quem deveriam ser as beneficiárias. A pesquisa de Gruber traz evidências para o que a maioria das pessoas instintivamente compreende: as políticas que obrigam o empregador a gastar mais em determinados empregados fazem esses trabalhadores menos interessantes financeiramente e reduzem o salário que levam para casa.

Essas medidas também podem limitar a oferta de emprego. As exigências do governo para que as empresas ofereçam planos de saúde ou licenças para seus empregados criam um incentivo para que essas empresas contratem menos trabalhadores. As consequências dessas regulamentações são mais pronunciadas no caso das mulheres, que entram e saem do mercado de trabalho e são mais inclinadas a procurar emprego de meio período ou outro tipo de relações trabalhistas não tradicionais.

Há ocasiões em que as feministas promovem políticas planejadas especificamente para beneficiar as mães que ficam em casa, cujo trabalho, argumentam elas, é "irremunerado", já que elas não recebem um salário por seus serviços. Naomi Wolf e Danielle Crittenden, por exemplo, querem que as mães que ficam em casa recebam uma "concessão da Previdência Social" por seu trabalho, mesmo que elas não paguem contribuições.

---

[12] Robertson, p. 126.

> **Margaret Thatcher**
>
> "Em política, se você quiser que alguma coisa seja dita, peça a um homem; se você quiser que alguma coisa seja feita, peça a uma mulher".
> – 1982
>
> "Se uma mulher sem ideais, como Eva Perón, pode chegar tão longe, imagine até onde posso chegar com todos os ideais que tenho".
> – 1980
>
> http://news.bbc.co.uk/1/hi/uk_politics/1888444.stm
> (Todas as citações de Thatcher foram retiradas desse *link*.)
>
> GPI

Nos Estados Unidos, essa tentativa de instituir políticas de governo para recompensar as mães que ficam em casa é tão equivocada quanto suas políticas em favor das mães que trabalham. O governo teria de "atribuir" um valor ao trabalho da mãe que permanece em casa, o que decerto começaria uma guerra de lances políticos. Pense em como é injusto para uma mãe que trabalha e deseja desesperadamente ficar em casa, mas não pode se dar a esse luxo. Vamos supor que o governo resolva conceder à mãe que fica em casa o salário médio nacional para efeitos da Previdência Social. A mulher que trabalha perde mais de um dólar em cada dez dólares que ganha em impostos previdenciários. Se ela ganhar o mesmo que uma mãe que fica em casa recebe do governo, estaria pagando milhares de dólares em impostos para o mesmo benefício da Previdência Social.

No lugar de planejar programas que favoreçam determinado estilo de vida, o governo deveria concentrar esforços em promover a flexibilidade para todos. A redução de impostos e dos gastos do governo, por exemplo, diminuiria a carga fiscal sobre todas as famílias – sem favorecer nenhum grupo em detrimento de outro. As famílias com um dos pais em casa poderiam esticar o salário um pouco mais e as mulheres que trabalham teriam uma renda maior para pagar por uma creche para seu filho. A redução de benefícios onerosos permitiria às empresas contratar novos funcionários e oferecer arranjos mais flexíveis de trabalho – coisa que pode interessar tanto às mulheres que já trabalham quanto a algumas donas de casa que gostariam de ter um emprego de tempo parcial.

O governo não pode apagar os desafios que as mulheres enfrentam ao procurar um equilíbrio entre trabalho e família. O melhor que o governo pode fazer é permanecer neutro e deixar que as mulheres tomem decisões com base em suas próprias preferências.

> **O Que um Ícone Feminista disse:**
>
> "Não existe mulher que deseje comer o pão da dependência, quer venha ele da mão do pai, do marido ou do irmão; pois toda pessoa que assim o faz para comer seu pão coloca a si mesma sob o poder da pessoa de quem ela o recebe".
> – Susan B. Anthony
>
> http://quotations.about.com/cs/morepeople/a/Susan_B_Anthony_2.htm

Ações afirmativas

O clamor das feministas por ações afirmativas é o exemplo mais explícito de sua crença de que as mulheres são menos capazes do que os homens e, por isso, necessitam de atenção especial. Suas defensoras argumentam que as mulheres deveriam receber um favorecimento no trabalho e na educação para superar o sexismo que trespassa toda a sociedade e impede seu desenvolvimento. Contudo, a mensagem que está por trás disso é que, se deixadas por conta própria, as mulheres têm menos probabilidade do que os homens de alcançar o sucesso e precisam de favorecimentos.

Se as políticas de ação afirmativa de fato abaixam os padrões e recompensam os indivíduos menos qualificados, sem dúvida criam a percepção de que os beneficiários dessas ações têm recompensas não merecidas, o que acaba por manchar suas conquistas.

Há momentos em que é preciso compensar as diferenças de capacidade ou de experiência. Por exemplo, os campos de golfe são projetados para permitir que homens e mulheres possam competir uns contra os outros de maneira mais equilibrada. Nesse jogo, as *ladies' tees* (áreas das damas)* oferecem uma vantagem levando em consideração o fato biológico de que, em geral, as mulheres têm menos força física do que os homens e, portanto, não serão capazes de atirar a bola tão longe quanto eles.

As *ladies' tees* fazem sentido, considerando que é amplamente aceito que as diferenças biológicas dão aos homens uma vantagem no golfe. No entanto, as mulheres deveriam se preocupar com políticas que procuram estabelecer áreas reservadas às senhoras em outros setores da vida, como educação e trabalho. As políticas que favorecem as mulheres baseadas em critérios como inteligência e iniciativa desvalorizam as realizações de mulheres bem-sucedidas. As ações afirmativas criam um ambiente

---

* No golfe, *tee* é a área de onde se dá a primeira tacada de cada buraco. (N. T.)

no qual as pessoas se perguntam se essas mulheres conquistaram mesmo seu sucesso ou se simplesmente alcançaram o topo em um jogo manipulado.

O sexismo existe, de fato. Provavelmente, as mulheres sempre irão enfrentar desafios relacionados ao gênero – mas elas terão de vencer esses obstáculos, um de cada vez. Apoiar as ações afirmativas institucionaliza uma forma muito mais perversa de sexismo: o reconhecimento oficial de um pressuposto de inferioridade feminina. Os grupos feministas cometem um erro grave ao buscar garantir vantagens no governo; o verdadeiro feminismo significa acreditar que as mulheres são capazes de competir e ter sucesso graças aos próprios méritos.

A escolha da escola

Com frequência, os grupos feministas se autodenominam como defensores da "escolha". Porém, o que vemos é que esse discurso se aplica tão só à escolha que uma mulher deve fazer entre manter ou não uma gravidez até o fim. Quando se trata de algumas das mais importantes decisões sobre as formas de se criar uma criança, eles querem limitar a escolha e manter o governo firmemente no comando.

Consideremos a aversão das feministas em relação às propostas de escolha da escola. Por mais de uma década nos Estados Unidos, a questão da escolha da escola avançou: os formuladores de políticas públicas de todas as partes do país abraçaram diferentes propostas – das escolas *charter*[*] e escolas públicas ao *voucher* escolar[**] e créditos fiscais de educação – que oferecem aos pais maiores opções de escolher uma escola para seu filho. Quinze anos atrás, não havia nada parecido com uma escola *charter*. Hoje, cerca de 2.695 escolas *charter* atendem 685 mil alunos. Apesar da feroz oposição dos sindicatos de professores, o cheque-educação, incluindo o programa em Washington, D.C., está ajudando a dar aos pais de baixa renda a opção de escolher uma escola particular para seus filhos.

Todo esse desenvolvimento é alimentado por um volume crescente de pesquisas, o que sugere que a competição em educação funciona. Essa competição leva a uma maior satisfação dos pais e a desempenho e comportamento melhores do aluno, incluindo notas mais altas nos exames. Os sistemas educacionais confrontados com a competição usam seus recursos de maneira mais adequada, o que leva a melhorias para as crianças que optam por uma nova escola, bem como para os alunos que permanecem no sistema escolar público.

---

[*] Em geral instituídas por grupos de professores e pais ou por organizações comunitárias, as *charter schools* são escolas independentes financiadas com recursos públicos que operam de acordo com um contrato específico, o que as desvincula de leis que se aplicam às escolas públicas tradicionais. (N. T.)

[**] *Voucher* escolar ou cheque-educação é um programa do governo norte-americano que permite que alunos de famílias com menos recursos estudem em escolas particulares. (N. T.)

Infelizmente, os grupos que, em geral, afirmam falar em nome das mulheres, como a NOW e a Associação Americana de Universidades de Mulheres, ignoraram essas evidências e continuam a defender o *status quo*. Eles apoiam as campanhas do *lobby* da educação por mais recursos, apesar da falta de evidências de que o dinheiro sozinho é capaz de resolver todos os problemas.

O fracasso das feministas em apoiar as propostas de escolha escolar tem consequências que vão além da sala de aula. As mulheres e as famílias são afetadas diretamente pela escolha da escola e pela falta dela. Afinal, existe hoje nos Estados Unidos uma forma de escolher a escola: a escolha baseada no lugar. As famílias podem se mudar e matricular os filhos em outra escola pública.

> **Mais Informações Sobre Todas Essas Questões**
>
> Saiba mais sobre como essas e outras questões políticas importantes afetam a vida das mulheres nos Estados Unidos:
>
> Independent Women's Forum (Fórum de Mulheres Independentes), www.iwf.org
>
> American Enterprise Institute (Instituto Norte-americano do Empreendimento), www.aei.org
>
> Atlas Economic Research Foundation (Fundação Atlas de Pesquisa Econômica), www.atlasusa.org
>
> The Cato Institute (Instituto Cato), www.cato.org
>
> Citizens Against Government Waste (Cidadãos Contra o Desperdício do Governo), www.cagw.org
>
> The Competitive Enterprise Institute (Instituto da Empresa Competitiva), www.cei.org
>
> The Goldwater Institute (Instituto Goldwater), www.goldwaterinstitute.org
>
> The Heritage Foundation (Fundação Heritage), www.heritage.org
>
> National Center for Policy Analysis (Centro Nacional para Análise de Políticas), www.ncpa.org
>
> Manhattan Institute for Policy Research (Instituto Manhattan e Pesquisa Política), www.manhattan-institute.org
>
> State Policy Network (Rede de Políticas Públicas), www.spa.org

Essa opção está disponível apenas para aqueles que têm recursos para se mudar. Muitas famílias fazem sacrifícios financeiros importantes para comprar uma casa em uma região escolar melhor. Algumas mulheres poderiam até trabalhar apenas para poder viver nessa região, mas prefeririam ficar em casa. Os programas de escolha da escola, ao oferecer aos pais uma nova maneira de escolher uma escola, poderia aliviar a pressão financeira que empurra essas mulheres para o mercado de trabalho.

Há muitas razões para abraçar propostas de escolha escolar: dos possíveis benefícios para a educação das crianças a uma maior flexibilidade para mães e pais. As feministas também deveriam dar ouvidos a seu próprio discurso: os pais deveriam ter mais possibilidades de escolha quando se trata de seus filhos.

Uma agenda para as mulheres

No lugar de seguir a liderança feminista que constantemente promove a ideia de um Estado maior e mais forte, as mulheres deveriam adotar uma agenda que devolvesse o poder aos cidadãos e limitasse o tamanho e a abrangência do Estado. Essa agenda incluiria a redução de impostos, a reforma da Previdência Social, educação e saúde, de maneira a dar aos cidadãos um maior controle de seus recursos e reduzir as regulamentações.

As mulheres são capazes de competir e de alcançar o sucesso por seus próprios méritos. Com o governo fora do caminho e com as mulheres fortalecidas para tomar decisões em seu próprio interesse e no interesse de suas famílias, os Estados Unidos estarão em melhores condições como nunca antes.

Este livro foi impresso pela Prol Gráfica
em papel *offset* 75g.